呼和浩特市民政局社会组织孵化基地项目资助

社区评估
实务模式

资源与需求评估

THE PRACTICE MODEL OF THE COMMUNITY ASSESSMENT:
RESOURCE AND DEMAND ASSESSMENT

主 编 **刘 强**
副主编 **吕霄红**

社会科学文献出版社
SOCIAL SCIENCES ACADEMIC PRESS (CHINA)

总　序

蔡常青*

　　当作者将三本厚重的书稿给我并要我作序之时，我内心既不安又感动。之所以不安，是因为这几位作者都毕业于名牌大学，师从于国内社会学的权威学者；而我作为一个"半路出家"的学者，深恐遮掩了这三本书的光彩。之所以感动，是因为在当今学术漂浮风气浓重的背景下，他们却能跳出书斋，下很大功夫深入社区调研，其学风尤其难能可贵。我与吕霄红等老师结识于2017年。当时我在撰写基层治理专著时，看到他们的若干篇社区工作调研报告，应当说，这些是我近几年看到的内蒙古学者最扎实的一线报告，给我留下了深刻的影响。于是，我在后期做阿拉善左旗基层治理课题时邀请他们合作，进一步感受到他们用脚丈量基层的务实精神。这也是我决定为本书作序的缘由。

　　有什么样的精神就有什么样的作品。细读此书，既能感受到他们扎实的专业功底，更能体会到深入社区调研带来的扎实的"草根"味道。本套扎根于内蒙古基层社区治理实践的学术创作，

　　* 内蒙古发展研究中心原党委书记、中共内蒙古自治区委员会宣传部理论处处长、内蒙古哲学社会科学规划办主任、内蒙古中国特色社会主义理论体系研究会秘书长、全国党的建设研究会特邀研究员、中国政治学会理事、内蒙古大学硕士生导师等。主要研究领域涉及中国特色社会主义理论、党建、人才学、基层社会治理等。

既有作者身体力行的实践经验，还有在实践基础之上的理论思考和模式总结；既利用社会工作专业服务了社区和民众，又提升和创新了相关领域的知识。可谓知行合一，成人达己。

本套丛书共三册，分别为《"三社联动"社区实务模式——以呼和浩特市为例》《"三社联动"政策下的地方社区实践——以呼和浩特市为例》《社会评估实务模式——资源与需求评估》，三本书分别从"三社联动"的模式总结、政策实践和社区评估的角度开展了研究和实务工作，在实现理论创新的同时也取得了一定成效。

本套丛书的特色在于对"三社联动"下社区服务的深入调研和系统总结，基于从呼和浩特市城市社区收集来的第一手调查资料和数据进行分析，结合定性和定量两种研究方式，准确而全面地反映了社区居民的诉求和意愿，在此基础上进一步制定相关服务计划和方案，做到有的放矢、精准服务，避免社会福利资源的浪费，提高了服务的效率和效果。这种严谨且对服务对象负责的专业精神和价值观念，体现该丛书的编写团队和参与人员具备了良好的专业素养，坚守住了社会服务的伦理原则，这是作为社会工作学者应有的精神和担当。

该丛书的负责人吕霄红长期从事社会工作研究与服务工作，数十年带领学生深入社区和学校提供社会工作专业服务，教学相长，取得了一定的影响力和美誉度。在国家大力推动社会工作发展的背景下，吕霄红多次协助当地民政部门进行政策咨询，共商呼和浩特市本地社会工作发展的模式和策略。正是借助与各方 [政府（民政）、街道、社区、社会组织、专业社工、社区居民] 长期的互信和合作关系，她提出了符合呼和浩特市本地的"三社联动"模式，也就是该丛书这一主要成果。

进入 21 世纪以来，"三社联动"的模式在全国多地均有所提及和实践，本丛书的核心价值在于对"三社联动"模式进行了系统化的梳理和总结，并回答了枢纽型社会组织、支持型社会组织和服务型社会组织如何在"三社联动"的体系中发挥作用，以及发挥什么样的作用的问题。这对于"三社联动"实务模式的高效实施十分关键。此外，作者提出政府部门（民政）在"三社联动"模式中的领导作用不可忽视，这符合对我国国情的基本判断，也符合当前我国社区治理的方向。当然本丛书作者的视角更多地放在社会组织之上，强调社会组织作为政策福利和社区民众的桥梁和中介，并细化了不同类型社会组织在其中发挥的作用。

更令我欣慰的是，本丛书的作者们并没有止步于模式的研究和探讨，而是将研究成果和社会服务紧密结合在一起，利用专业知识和服务实践来推进理论研究和创新，在形成初步成果的基础之上，又调整专业服务的策略，使之更符合专业规律和居民需求，最终将研究成果付诸实践，回报社会。从这个角度上讲，本丛书的价值不仅限于其理论和模式创新，还包含了方法创新、实践创新，是一项直面社会真问题、居民真需求的课题，其价值最终体现在解决实际问题的有用性上。

虽然本丛书的作者们付出了极大的辛苦和努力，形成了良多的成果值得我们进一步学习和讨论，但探索基层治理之路任重道远。目前我国社区治理和"三社联动"仍然存在诸多问题亟待破解，这需要更宏观的视野、更大胆的突破、更富使命感的思考，就此意义而言，则本书的探索还不够，需要从社区主体性、公民权利和权益保障、居民自我服务和互助意识、社区生态和文化建设、空间和资源的再造等角度进行深入研究和探讨。

序：通往融合共治之路

史柏年[*]

　　随着我国改革开放的进一步深入和经济社会的腾飞发展，我国的社会管理体制及治理策略发生了根本性的变革。"20世纪90年代以来，以单位制消解和社区建设勃兴为主要内容的社会体制变革从根本上改变了中国社会的基层结构。中国社会宏观联结方式的根本性变化，即由'国家–单位–个人'的控制体系向'国家–社区、社会团体–个人'协同参与模式的转变。"过去由"工作单位"所提供给个人的教育、医疗、养老、保险、后勤等社会福利被转移到了人口与职业结构分化且需求多元化的社会与社区层面。与此相适应，政府调整社会管理的机制和权力运作方式，将过去政府的部分管控职能从市级、区级下放到社区，让原属于社会的部分权力归位于社会、回落于社区，以建立科学的社会治理运作体系，从而形成政府与民间组织、社区治理的良性互动机制。在当今政府治理与社会发展的进程中，"社区"扮演着日益重要的角色。

　　社区发展与社区治理是社会，特别是市民社会发展到一定阶

---

* 史柏年，中国青年政治学院社会工作学院教授，国家开放大学社会工作学院执行院长，中国社会工作学会副会长，民政部社会工作职业水平评价制度建设专家委员会副主任委员。

5

段的产物。从世界范围来看，社区与社区治理是伴随政治民主化的进一步加深和市民社会的形成而逐渐出现的。在欧美发达国家，社会组织的蓬勃发展、专业化社会工作队伍的形成和社区自治能力的提高，这三者是相伴随行的。

如若在此历史脉络下定位当前我国的"三社联动"政策，我们便会发现，自党的十八届三中全会以来，我国各级政府便试图通过基层社会治理创新体制的建立，摆脱欧洲社会发展过程中市场与国家之间的困局，让"国家－市场－社会"三者之间能够形成更加多元而有机的互动形式：国家适度地将权力下放至社区传统机构、社会工作机构和其他社会机构，使其得以在党和国家的监督下，针对社区议题，基于社会自身理性，依托社会工作方法，引入市场资源，实现社区群众公平正义的社会价值想象。

也就是说，要进一步深化我国的社会主义核心价值观，就必须在各地壮大人们共同生活的社区自治能力，让居民能够在社区这个场域内参与各种活动，并在参与过程中孕育、促成社会主义民主体制不断转化，形成进步的原动力。将民主及社会参与落实于生活之中，并由对公民意识的形塑产生对所生活的社区、所在的省市，和对国家的向心凝聚力，进而逐渐明确我国社会主义本土实践的边界，形成公民－国家的一体性，这将是我国社会治理本土化转型过程的必经道路。

值此迈向"国家－社区－公民"融合共治的"中国特色社会主义发展道路"之际，内蒙古大学的老师与呼和浩特市睿联凯舟社会工作发展中心的专家团队合作，通过一系列的社区田野实践及项目计划，持续在民族地区探索更切合本地政经环境的"三社联动"机制。呼和浩特市睿联凯舟社会工作发展中心自 2014 年成立以来，致力于探索创新社会发展模式，是内蒙古自治区社会组织服务创新重要的推动力。该中心多年来深入呼和浩特市赛罕区大学西路社区，进行资源需求评估，形成项目清单，组建社会治理核心团队，并进一步以需求为导向，协助政府部门有效开展公益创投，形成"政社、校社、企社、社社"的多方合作平台，带动在地各界社会力量走向"国家－社区－公民"融合共治的道路探索旅程。

而这一丛书便是多年来睿联凯舟社会工作发展中心在此探索实践的旅程中所留下的里程碑。成功的社会转型除了社会群众自发、积极地参与之外，必然还涉及社会思想及知识框架的变革。这其中除了知识份子必须扮演创新、探索的角色之外，更重要的是成熟而蓬勃发展的群众参与机制必须由下而上地形成有效而坚实的有机联动，来促成社会中各主体发挥其优势，弥补对方的劣势，共同推动理想社会价值的实现。因此，衷心期盼这一丛书除了能为我国社会治理本土经验知识留下不可磨灭的注脚外，更能带领千千万万生活在社区中的群众走向一条融合共治的康庄大道。

2019 年 5 月

目录
Content

第一章

社区资源评估方法

　　社区是联系和服务群众的重要纽带。党的十八以来，党中央、国务院高度重视社区管理和服务体系建设，要求增强社区公共服务的功能。2016 年，民政部发布了《城乡社区服务体系建设规划（2016－2020 年）》，对"十三五"期间城乡社区服务体系的建设规划做了顶层设计，提出了明确的发展方向，该文件指出要以居民群众需求为导向，推动社区服务精细化、专业化、标准化，构建机构健全、设施完备、主体多元、供给充分、群众满意的社区服务体系，让社区居民共享全面建设小康社会的发展成果。

　　内蒙古自治区呼和浩特市大学西路街道社区在"十二五"期间经过上下各级部门、社区工作人员和社会组织等的共同努力，社区基本公共服务体系建设工作成效显著，推动了社区公共服务的功能发展，有效地回应了社区居民的基本公共服务需求。但是，随着经济社会的快速发展、社区人员流动频率加大，大学西路街道社区居民对社区公共服务需求的质量提出了较高的要求，需求的层次也较为多元化，这对本街道社区公共服务体系的建设带来了新的挑战。基于此，大学西路街道办事处加大了对社区公共服务体系的建设力度，先从当下社区资源存量分布评估做起，探索社区资源整合的新路径，创新社区公共服务机制，解决社区服务居民"最后一公里"的难题。受大学西路街道办事处委托，呼和浩特市睿联凯舟社会工作发展中心承担了本街道十个社区的资源评估的项目任务。

一 评估方法

本项目主要采用了问卷评估法。呼和浩特市睿联凯舟社会工作发展中心在与街道办事处领导、社区工作人员、社区居民及高校学者的多次研讨中，确立了四套测评表，包括调查员测评表、社区干部自评表、社区居民打分表、社区地图绘制表，通过多角度的测评，力图准确呈现十个社区的资源存量及分布情况。

同时，我们也采用了焦点访谈的方法，邀请社区干部和社区工作人员及社区居民代表就社区资源存量及社区公共服务中存在的问题进行集中讨论，由此收集基层人员对社区资源存量及公共服务的看法，为社区公共服务体系的建设提供民意基础。

二 主要内容

社区资源评估的内容主要由五部分构成，第一部分对社区资源分布状况进行了量化描述及分析；第二部分分析了社区居民对社区资源存量的满意度情况；第三部分对社区资源存量与社区居民满意度进行了比较与分析；第四部分就社区居民对社区发展中存在问题的看法进行了分析；第五部分对大学西路街道社区的资源发展提出了对策建议。本章涉及第一部分，第二章包括了第二部分至第五部分。

三　社区资源分布状况

（一）社区资源评估方法与标准

1. 社区资源评估方法

本次社区资源评估采用的是主客观双向评估比较的方法。首先，由社区居委会按照我们所提供的评估标准，对其所在社区资源的存量进行评估描述；其次，由呼和浩特市睿联凯舟社会工作发展中心召募的调查员通过实地调查研究对社区资源存量按照评估标准进行评估测量；最后，我们将两套数据进行对比分析，确定各社区资源的客观状况。这种主客观双向检查的方法的主要优势在于：一是社区干部对社区资源现状较为熟悉，能够较为完整地提供社区资源的基本信息；二是调查员以第三方的身份介入，能够保证自身客观的态度，对社区资源现状有一个客观评估；三是通过对比分析二者数据，矫正各自存在的评估误差，最大限度地确保评估标准的效度与信度，准确地呈现各社区资源的基本情况；四是通过整合二者数据，横向对比十个社区现存的资源，对大学西路十个社区整体的资源情况做出排序，从而让我们更加清晰地认识各个社区的资源的优劣势。

2. 社区资源评估标准

第一，社区资源评估之社区干部自评，即社区干部进行社区基本资源的详细描述。调查员通过指导社区干部填写社区信息描述表的各项指标，从而得到与本次调查相关的详细信息。

第二，社区资源评估之调研员测评，即通过对大学西路街道十个社区各派一名调查员进行测量打分，并通过绘制社区资源地图得出社区资源情况的原始数据。调查员本着实事求是的调研态度，客观地对社区公共设施配套、社区公共管理与服务情况、社区专业服务与互助服务、社区自治和机制建设情况、社区人力资本情况和社区财力资源状况6个测量项目进行评估，并从社区外部环境、社区内部基建、社区服务设施三个方面绘制十个社区的社区地图，实现对社区资源的量化评估，让研究者直观地了解社区资源分布情况。

本次实地调查在设计时，将6个测量项目分为33个测量指标，并细化为80个主要测量内容，同时根据测量的内容制定出详细的评分标准及参考达标分数，最后根据测量的各个分值与达标分值的对比情况分析社区各测量项目资源，以及通过总分的对比通览大学西路街道十个社区的社区资源分布情况。6个测量项目的33个测量指标情况如下。

一是对社区公共设施配套的测量，主要是指对社区的基础硬件设施的评估，主要包括社区居委会办公场地、社区警务室、体育路径或户外健身设施、社区小公园或小广场、社区便民利民公共服务设施、视频监控系统和防盗系统、消防设施、防空防灾减灾设施、无障碍设施及安全、公共设施维护和特色项目十一个方面。

二是对社区公共管理与服务情况的测量，主要是指针对社区服务软实力及其服务水平的评估，主要包括物业公司服务、垃圾分类与收集、环境保护与清洁、劳动就业服务、警务服务、法律援助与人民调解服务、社区文化服务、体育服务和特色项目九个方面。

三是对社区专业服务与互助服务的测量，主要是指针对社区专业服务领域发展与实践状态的评估，主要指标分为服务需求了解和识别、服务计划、服务实施情况和特色项目四个方面。

四是对社区自治和机制建设情况的测量，主要是指对社区组织建设水平的评估，主要包括社区党组织建设、居委会建设、社区组织建设和特色项目四个方面。

五是对社区人力资本情况的测量，主要是指针对社区人口、人才的优势和劣势的评估，主要测量指标分为人口基本特征、重点人群两个方面。

　　六是对社区财力资源状况的测量，主要是指针对社区资金来源以及服务经费收支的评估，主要测量指标包括公共财政、社会捐赠和社区服务经费三个方面。

　　第三，社区干部自评与调查员测评的两种测量方式在内容上是相同的。不同的是社区干部自评评估的是对信息的描述，如社区办公室面积为430平方米、是否设置警务室等描述性问题；调查员测评评估的则是对相关指标的量化分值，如社区办公面积在100平方米以上为8分，50 ~ 100平方米为5分，50平方米以下为3分，调研员根据具体的实际情况测评打分。通过资源描述信息和资源测评分数两套数据，我们可以对社区资源更直观、更详细地把握和评估。

（二）社区工作人员对社区的资源状况进行自我评估

　　社区工作人员对社区的资源状况进行自我评估主要是指社区工作人员对社区相关资源情况的定性描述，测量结果主要用来作为调研员客观评分的对比资料，根据校验员对本次社区资源评估工作的测量与录入过程中的数据校验情况，以社区工作人员定性的描述自评信息为辅助，对调研员的定量测量数据进行全面校对验证，保证了接下来的客观测量数据的可靠性与可信度。主要自评结果已经全部体现在客观测量的分析中，同时，接下来的客观测量分析也参考了社区工作人员自评的相关不能量化的内容。

（三）实地调查资源状况评估分析

1. 各社区基本资源情况分析

　　我们按照社区资源现有的评估标准，设定了各项测量指标的达标分值。图1-1到图1-10是对各相关社区调查结果的显示，灰色条柱显示的数值为调查标准的达标分值，白色条柱显示的数值为社区在该测量指标上的相关数值，通过白、灰两个条柱数值的对比，更清晰地呈现了各个社区的资源测量项目情况。图1-1到1-10后附各社区资源地图，方便直观观察各社区资源分布情况。

（1）牧机所社区基本资源情况分析

图1-1（a）显示了牧机所社区在本次资源评估中的调研员测评得分情况。从整体来看，首先，牧机所社区实际测量得分达标的有7项，占总数的五分之一。其中，3个测量达标指标处于社区公共设施配套测量项目中，分别为社区居委会办公场地、社区便民利民公共服务设施以及视频监控系统和防盗系统；2个达标指标在社区公共管理与服务情况测量项目中，分别为物业公司服务和体育服务；2个达标指标处于社区自治和机制建设情况测量项目中，分别为社区党组织建设和居委会建设。

其次，测量指标为0分的仅有1项，即处于社区公共设施配套测量项目中的防空防灾减灾设施测量指标。其所测量的各项指标均为0分，如避难场所（防空地下室、人防工程、地下室、地下停车场、绿地、广场、球场）不少于其中1项，在避难场所、社区居委会或社区公园宣传栏进行统一标识，包括避难位置、可安置人数、管理人员、人员疏散图、疏散通道和指引等信息，被评为"综合减灾示范社区"。

最后，调查测量得分与达标分值差距较大的测量指标有社区公共设施配套中的消防设施、特色项目，社区公共管理与服务情况中的特色项目，社区自治和机制建设情况中的社区组织建设，社区人力资本情况中的重点人群和社区财力资源状况中的社区服务经费6项。

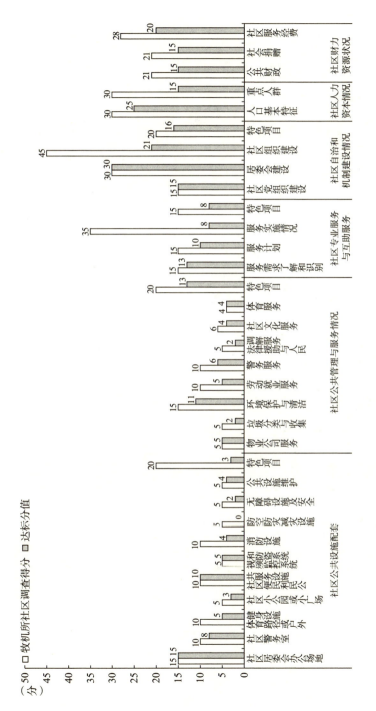

（a）

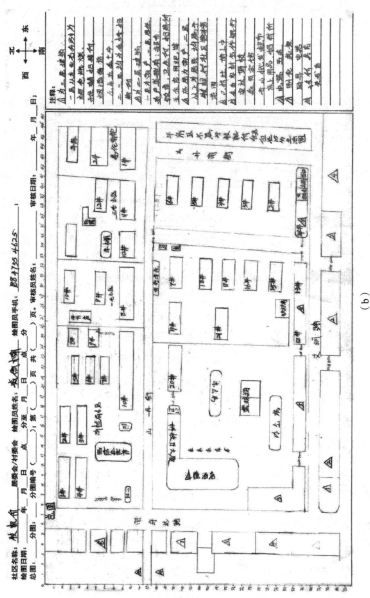

(b)

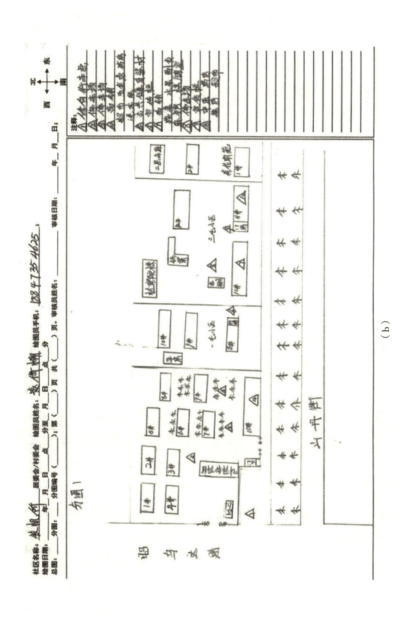

(b)

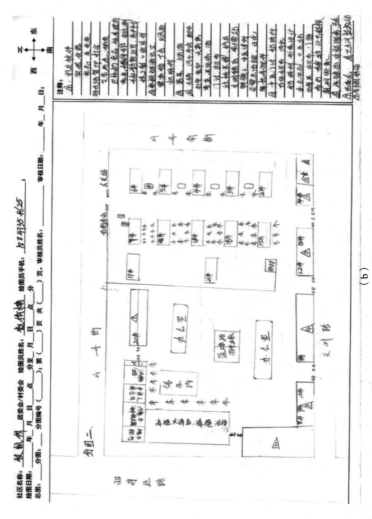

图1-1 牧机所社区基本资源情况分析

（b）

资料来源：调查员自行绘制。

通过以上数据信息，我们可以看出，牧机所社区整体资源情况相对较好，各项资源配置相对完善，0 分测量指标仅 1 项，而达标指标有 7 项之多。但是，与达标分值差距较大的指标有 6 个，占总指标数的近五分之一。

牧机所社区在以下几方面还有待提升：第一，在完善消防设备上，注意要设有符合标准的消防设施、疏散通道和畅通安全出口、各种消防设施定期检测维护、设置火灾防控宣传栏并定期更新等；第二，在创新具有社区特色的服务和管理上，需要根据社区人口特点及居民需求，建设老年之家、志愿服务站、社区少年宫等惠民服务设施和推进社区网格化服务、智慧平台及平安社区建设；第三，在关注重点人群和社区服务经费方面，社区弱势群体所占比重较大，低保家庭、单亲家庭、失独家庭占全社区家庭的比重很高，应更加注重社区弱势群体和家庭的帮扶工作，要拓宽社区服务经费的来源渠道，合理控制相关经费的支出。

（2）内大社区基本资源情况分析

图 1 - 2（a）显示了内大社区在本次资源评估中的调研员测评得分情况。

从整体数据来看，首先，内大社区实际测量达标指标有 6 个。其中，4 个达标指标分布于社区公共设施配套测量项目中，分别为社区小公园或小广场、社区便民利民公共服务设施、视频监控系统和防盗系统以及公共设施维护；2 个达标指标分布于社会公共管理与服务情况测量项目中，分别为社区文化服务和体育服务。

其次，测量指标为 0 分的仅有 1 项，即处于社区公共管理与服务情况测量项目中的物业公司服务指标。由此可见，内大社区作为一个后单位制社区，物业服务状况较差，通过我们实地了解得知，内大社区的物业问题一直困扰着居民，由学校提供的物业服务水平较低，难以满足社区居民的需求。

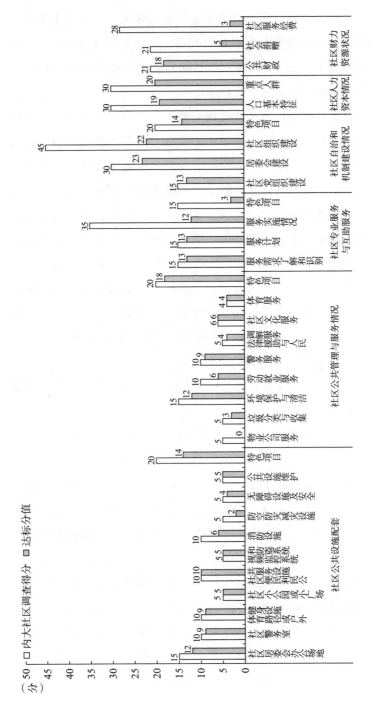

（a）

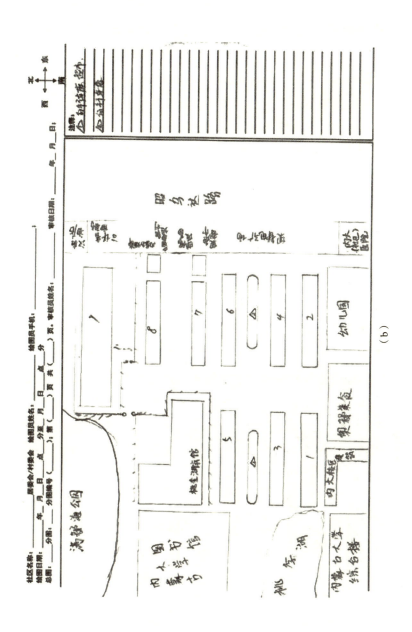

（b）

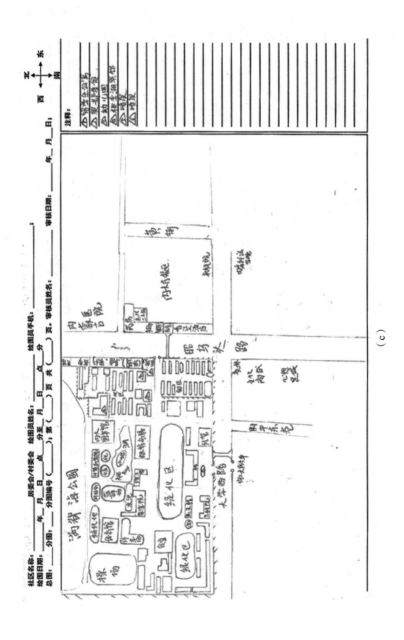

(c)

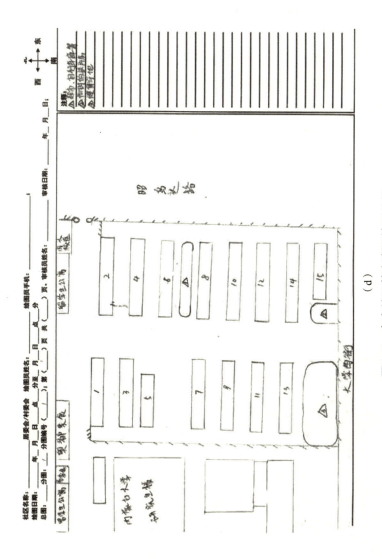

（d）

图1-2 内大社区基本资源情况分析

资料来源：调查员自行绘制。

最后，调查测量得分与达标分值差距较大的测量指标有社区公共设施配套中的特色项目，社区专业服务与互助服务中的服务实施情况、特色项目，社区自治和机制建设情况中的居委会建设、社区组织建设、特色项目，社区人力资本情况中的人口基本特征、重点人群，社区财力资源状况中的公共财政、社会捐赠和社区服务经费 11 个指标。

通过对以上相关指标信息的统计，我们不难看出，内大社区在社区公共设施配套方面以及社区公共管理与服务情况方面相对完善，建设情况比较良好，6 个达标指标全部分布于这两方面。而在剩余的四个测量项目上，有多个指标分值与达标值分数差距过大，还有很大的提升空间。在社区专业服务与互助服务方面，如在社区服务实施情况上，应该注重多组织开展各类志愿者（义工）服务和邻里互助活动，增加邻里互助活动开展数量，提高社区孤寡老人结对帮扶率等；在社区自治和机制建设情况上，如在居委会建设方面，居委会与社区社会组织、业主委员会及物业管理公司之间应有定期沟通机制，以解决居民反映的相关问题；在社区组织建设和自治机制的特色项目上，应通过社区论坛、社区议事会议、社区微博、社区 QQ 群等载体，发动社区居民参与社区事务、发展社区志愿者（义工）、建立社区志愿者（义工）管理制度等工作；在社区人力资本情况和社区财力资源状况上，待业或失业人口较多、居民职业多样性不足、社区人员经费占公共财政的比重较低，以及受社会捐赠较少等情况都是今后工作的重要方向。

（3）农大社区基本资源情况分析

图 1-3（a）显示了农大社区在本次资源评估中的调研员测评得分情况。

从整体数据来看，首先，农大社区测量达标指标有 4 个，分别是处于社区公共设施配套测量项目中的社区便民利民公共服务设施和公共设施维护 2 个达标指标，处于社区公共管理与服务情况测量项目中的垃圾分类与收集 1 个达标指标以及处于社区自治和机制建设情况测量项目中的社区党组织建设 1 个达标指标。

其次，测量指标得分为 0 分的指标有 1 个，为处于社区财力资源状况测量项目中的社会捐赠指标。

最后，测量指标得分与达标分值差距较大的指标有 14 个，分别为：社区公共设施配套项目中的 2 个指标，即无障碍设施及安全、特色项目；社区公共管理与服务情况项目中的 4 个指标，即劳动就业服务、法律援助与人民调解服务、体育服务和特色项目；社区专业服务与互助服务项目中的 2 个指标，即服务计划和服务实施情况；社区自治和机制建设情况项目中的 2 个指标，即社区组织建设与特色项目；社区人力资本情况项目中的 1 个指标，即人口基本特征；社区财力资源状况项目中的 3 个指标，即公共财政、社会捐赠和社区服务经费。

通过对以上指标数据的分析，农大社区整体的资源水平不容乐观，达标指标个数相对较少，而与达标分值差距很大的指标高达 14 个，接近指标总数的 1/2。除零散分布在社区公共设施配套项目和社区专业服务与互助服务项目以及社区自治和机制建设情况项目中的几个指标外，资源建设"重灾区"集中在社区公共管理与服务情况项目和社区财力资源状况项目上。如在社区公共管理与服务情况上，出现缺乏为社区失业人员和异地务工人员提供职业介绍和就业指导服务，没有社区（人民）调解委员会，工作制度不完善，体育宣传培训等活动较少，社区网格化服务、智慧平台及平安社区建设情况不乐观，解决社区车辆乱停放、噪声扰民等社区管理方面无创新的问题；在社区财力资源状况项目上，出现整体的公共财政情况较差、接受社会捐赠的资金有限、社区服务经费支出主要靠上级拨付、社会服务经费上一年度总支出和全部社区人口的比值即社区人均社会服务经费支出较低等问题。不过，与其他社区相比，农大社区在防空防灾设施指标上得分很高，在宣传工作、标识设施建设、管理体制建设上都有很大的优势。

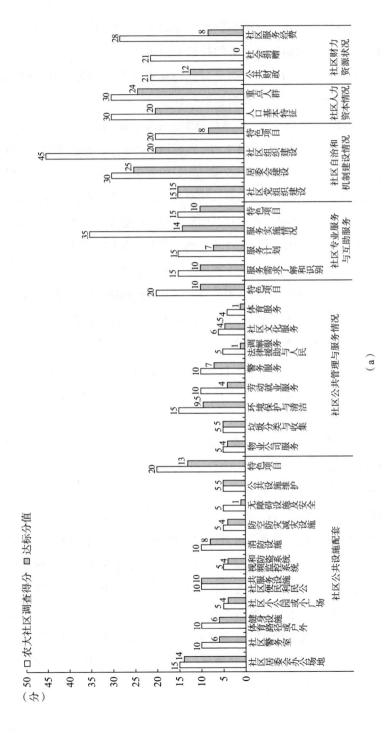

（a）

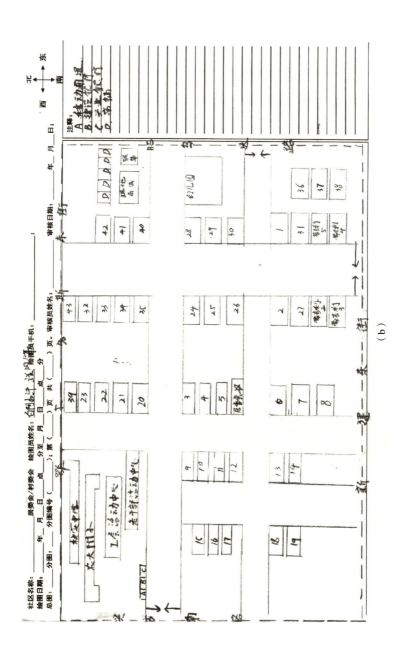

(b)

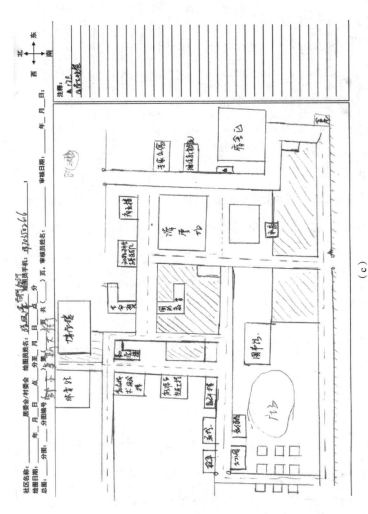

图1-3 农大社区基本资源情况分析

（c）

资料来源：调查员自行绘制。

（4）前进巷社区基本资源情况分析

图 1-4（a）显示了前进巷社区在本次资源评估中的调研员测评得分情况。

从整体数据来看，首先，前进巷社区测量达标指标有 2 个，即处于社区公共设施配套测量项目中的社区便民利民公共服务设施指标和社区财力资源状况项目中的公共财政指标。

其次，测量指标得分为 0 分的指标有 2 个，一个是处于社区公共设施配套项目中的消防设施指标，另一个是处于社区财力资源状况项目中的社会捐赠指标。

最后，测量指标分值与达标分值差距较大的指标有 11 个，分别为：社区公共设施配套项目中的 3 个指标，即体育路径或户外健身设施、无障碍设施及安全和特色项目；社区公共管理与服务情况项目中的 1 个指标，即环境保护与清洁；社区专业服务与互助服务项目中的 3 个指标，即服务计划、服务实施情况和特色项目；社区自治和机制建设情况项目中的 3 个指标，即居委会建设、社区组织建设和特色项目；社区财力资源状况项目中的 1 个指标，即社区服务经费。

通过分析以上相关数据与指标情况，可以看出前进巷社区整体资源建设不平衡，社区公共管理与服务情况项目和社区人力资本情况项目资源情况相对较好，在社区公共设施配套项目、社区专业服务与互助服务项目上的资源整合度不高，甚至有很大的缺失。从整体数据来看，整个社区的测量分值与达标分值接近的指标非常多，如社区警务室、社区公共管理与服务情况中的特色项目、服务需求了解和识别、重点人群等指标。尤其是在社区人力资本情况项目上，该社区得分普遍很高，说明在该社区，居民的性别结构、单列职业情况、对重点人群的关注度以及行业构成情况都比较协调合理，社区整体的人口环境相对较好。

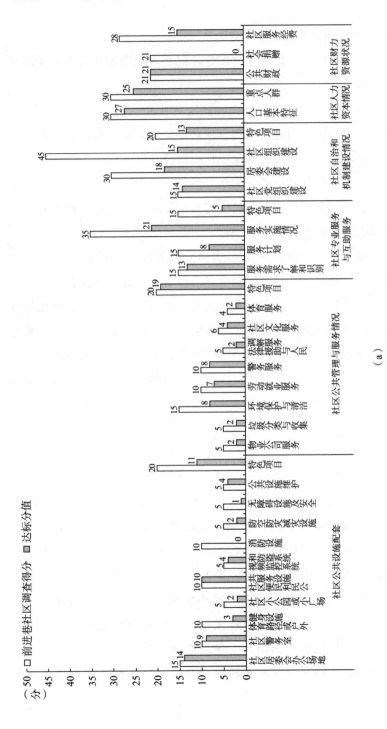

（a）

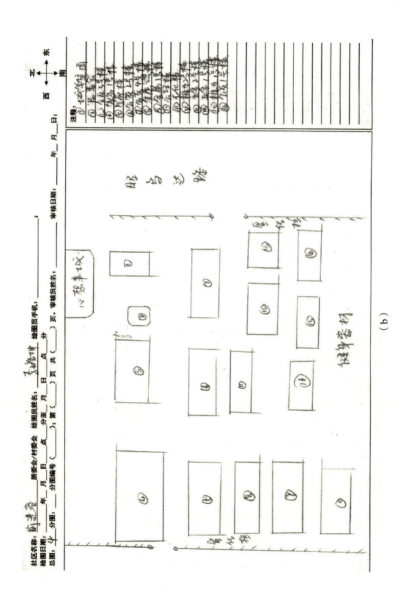

（b）

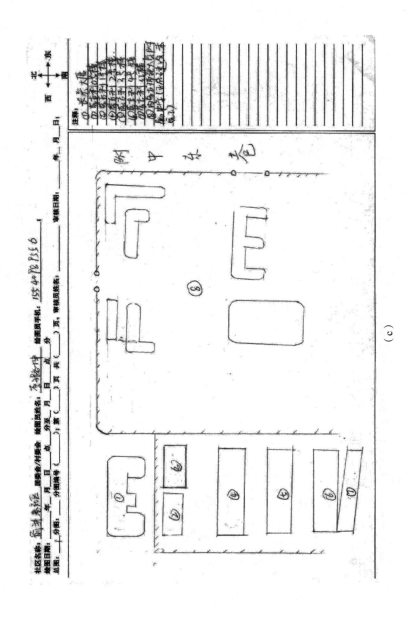

(c)

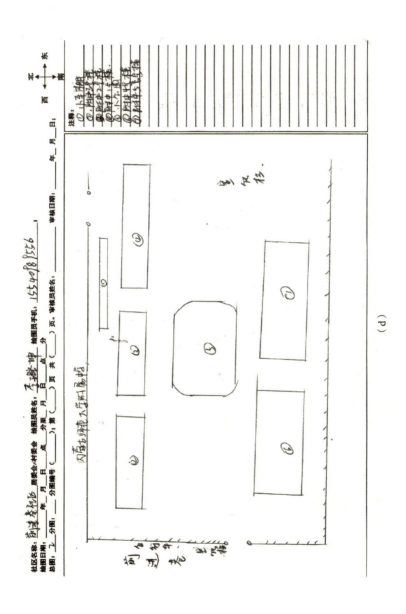

（d）

社区评估实务模式

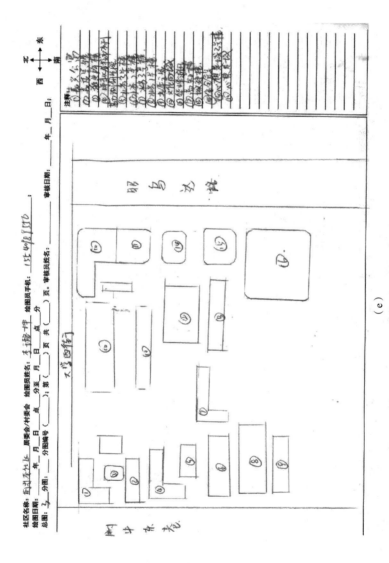

图1-4 前进巷社区基本资源情况分析

资料来源：调查员自行绘制。

26

但从个别数据来看，该社区在消防设施指标上测量得分为0分，消防对于每个社区来说都是非常重要的一个项目，目前所呈现的测量结果是值得我们深究的，是测量员测量操作失误，还是录入员录入失误，我们会根据社区干部自评情况得到答案。如果各环节没有出现失误，那么就该指标来说，前进巷社区应该在设置符合标准的消防设施、保持疏散通道和安全出口畅通即无阻挡堵塞和占用、定期检测维护各种消防设施、按要求配备齐全消防器材、设置火灾防控宣传栏并定期更新等方面加强工作强度与监督力度。

（5）群英社区基本资源情况分析

图1-5（a）显示了群英社区在本次资源评估中的调研员测评得分情况。

从整体数据来看，首先，群英社区测量指标中的达标指标有2个，占指标总数的6%，分别是处于社区公共设施配套项目中的社区小公园或小广场指标和社区便民利民公共服务设施指标。

其次，社区测量指标得分为0分的有3项，其中2个指标是处于社区公共设施配套项目中的消防设施指标和防空防灾减灾设施指标，1个指标是处于社区公共管理与服务情况项目中的物业公司服务指标。

最后，测量指标分数与达标分值差距较大的指标有20个，占指标总数的二分之一。其中，在社区公共设施配套项目中有5个，分别为社区居委会办公场地指标、视频监控系统和防盗系统指标、无障碍设施及安全指标、公共设施维护指标和特色项目指标；在社区公共管理与服务情况项目中有5个，分别为垃圾分类与收集指标、环境保护与清洁指标、劳动就业服务指标、体育服务指标和特色项目指标；在社区专业服务与互助服务项目中有2个，分别是服务实施情况指标与特色项目指标；在社区自治和机制建设情况项目中有4个指标，分别是社区党组织建设指标、

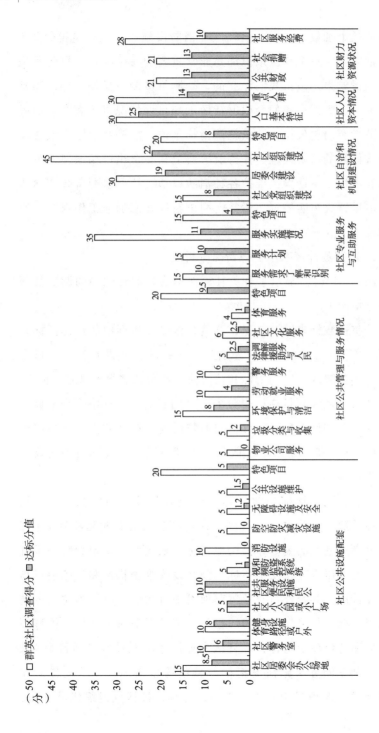

（a）

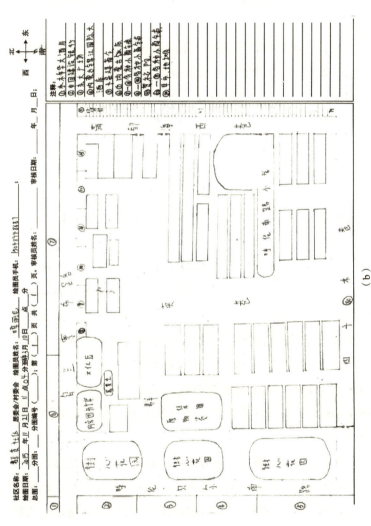

图1-5　群英社区基本资源情况分析

（b）

资料来源：调查员自行绘制。

居委会建设指标、社区组织建设指标和特色项目指标；在社区人力资本情况项目中有 1 个指标，即重点人群指标；在社区财力资源状况项目中有 3 个指标，即公共财政指标、社会捐赠指标和社会服务经费指标。

通过统计上述测量指标情况，不难看出，群英社区资源情况不容乐观，0 分指标以及与达标分值差距大的指标共计 23 个，达到指标总数的三分之二。仅在社区公共设施配套项目的 11 个指标中，就存在 2 个 0 分指标和 5 个分值差距大的指标，占该项目指标总数的 64%。可见，群英社区的硬件资源建设严重不足。在社区自治和机制建设情况项目中，4 个指标的测量分值与达标分值差距全部很大，在该测量项目上，可以说是"全军覆没"。作为代表社区软实力的一个项目，该项且得分情况也不尽如人意，还有很大的完善空间。与社区自治和机制建设情况项目相同，在社区财力资源状况项目中，同样出现了全部指标测量分数相对较低的情况，作为社区公共管理与服务以及公共设施建设的基础项目，资金短缺严重制约了社区各项工作的开展。就此，该社区应该一方面积极吸引社会资金，夯实社区建设与服务的基础；另一方面主动请求上级拨款，专门用于社区管理与服务。

（6）师大社区基本资源情况分析

图 1-6（a）显示了师大社区在本次资源评估中的调研员测评得分情况。

从整体数据来看，首先，在师大社区测量指标中的达标指标有 5 个，占测量指标总数的 15%。其中，2 个达标指标分布在社区公共设施配套项目中，分别是社区居委会办公场地和社区便民公共服务设施；3 个达标指标分布在社区公共管理与服务情况项目中，分别是物业公司服务、警务服务和法律援助与人民调解服务。

其次，该社区测量指标分值为 0 分的指标有 1 个，即处于社区公共设施配套项目中的无障碍设施及安全指标。

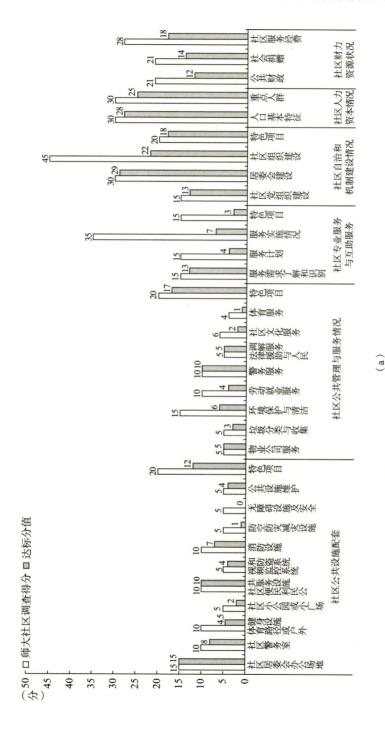

（a）

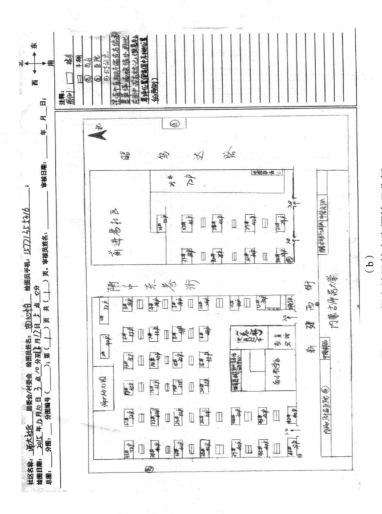

图1-6 师大社区基本资源情况分析

资料来源：调查员自行绘制。

最后，测量指标分值与达标分值差距较大的指标有 12 个。其中，在社区公共设施配套项目中有 2 个指标，分别是防空防灾减灾设施指标和特色项目指标；在社区公共管理与服务情况项目中有 3 个指标，分别是环境保护与清洁指标、劳动就业服务指标和体育服务指标；在社区专业服务与互助服务项目中有 3 个指标，分别是服务计划指标、服务实施情况指标和特色项目指标；在社区自治和机制建设情况项目中有 1 个指标，即社区组织建设指标；在社区财力资源状况项目中有 3 个指标，分别是公共财政指标、社会捐赠指标和社区服务经费指标。

通过统计上述测量指标情况，可以看出，师大社区的基本资源情况良好，达标指标个数相对较多，0 分指标和与达标分值差距大的指标共计 13 个，不足指标总数的五分之二。从达标指标的分布来看，师大社区的基础设施建设相对完备，社区公共管理与服务实施建设水平也相对很高，尤其是在社区安全、居民矛盾冲突调解方面的治理很突出。但不足的是，社区专业服务与互助服务项目整体情况较差。今后的工作应该着重针对居民需求，整合社区各种资源，制订社区整体服务计划或针对特定人群的服务计划；要能够按照服务计划，为老人、青少年、单亲家庭、失业人员等特定人群提供专业服务；同时建立健全街道、街道服务中心、社区居委会相互转介工作机制，组织开展各类志愿者（义工）服务和邻里互助活动；为社区异地务工人员及其子女、特困家庭、社区矫正人员、社区精神病康复者等特殊群体开展有特色、被群众广泛认可和欢迎的服务并积极申报社区公益项目；等等。

（7）四千米社区基本资源情况分析

图 1-7（a）显示了四千米社区在本次资源评估中的调研员测评得分情况。

从整体数据来看，首先，四千米社区没有指标是测量达标的。测量得分为 0 分的指标有 2 个，分别是处于社区公共管理与服务情况项目中的社区文化服务指标和处于社区自治和机制建设情况项目中的特色项目指标。

其次，四千米社区测量中首次出现测量分值为负数的情况，共计 6 个分值为负数的指标，约占指标总数的五分之一，分别为：社区公共设施配套项目中的 3 个指标，即视频监控系统和防盗系统指标、消防设施指标和无障碍设施及安全指标；社区公共管理与服务情况项目中的 3 个指标，即环境保护与清洁指标、劳动就业服务指标和垃圾分类与收集指标。

最后，该社区测量指标分值与达标分值差距较大的指标有 18 个。其中，在社区公共设施配套项目中有 4 个指标，即体育路径或户外健身设施指标、防空防灾减灾设施指标、公共设施维护指标和特色项目指标；在社区公共管理与服务情况项目中有 4 个指标，即物业公司服务指标、警务服务指标、体育服务指标和特色项目指标；在社区专业服务与互助服务项目中有 4 个指标，即服务需求了解和识别指标、服务计划指标、服务实施情况指标和特色项目指标；在社区自治和机制建设情况项目中有 2 个指标，即居委会建设指标和社区组织建设指标；在社区人力资本情况项目中有 1 个指标，即重点人群指标；在社区财力资源状况项目中有 3 个指标，即公共财政指标、社会捐赠指标和社区服务经费指标。

通过统计以上测量指标情况，能够非常明显地看出四千米社区无论是在基础设施建设还是公共管理建设，抑或是服务水平及人才资源方面都有很大的欠缺。在 6 个测量项目中有 4 个全部不合格，甚至可以说结果很差，在 33 个测量指标中没有 1 个指标测量结果达标，而 0 分指标、负分值指标和与达标分值差距大的指标共计 26 个，约占指标总数的五分之四。可以说，除了社区居委会办公场地、社区便民利民服务设施、社区党组织建设三个方面之外，该社区的其他方面应该全部成为工作的重点，也就是说，四千米社区亟须在重新整合社区资源、制定社区发展规划、

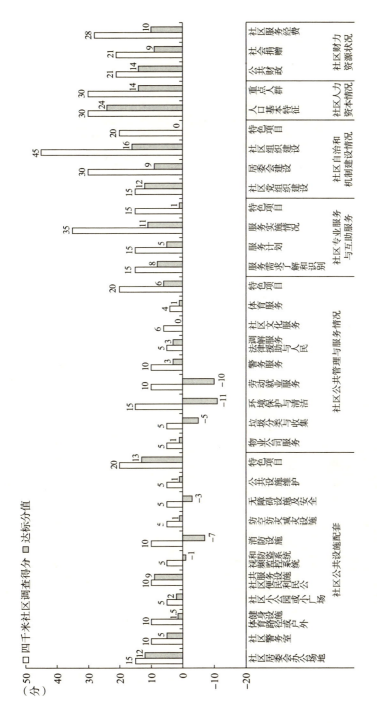

（a）

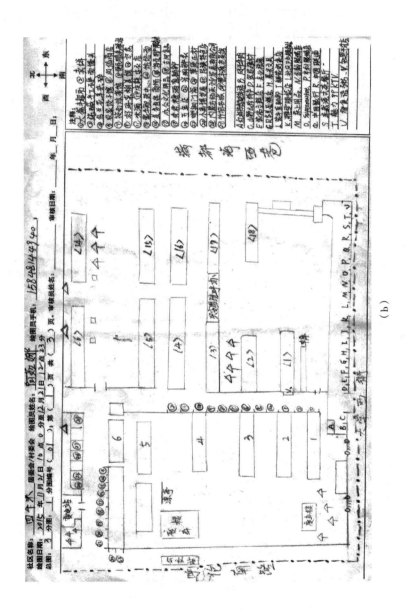

(b)

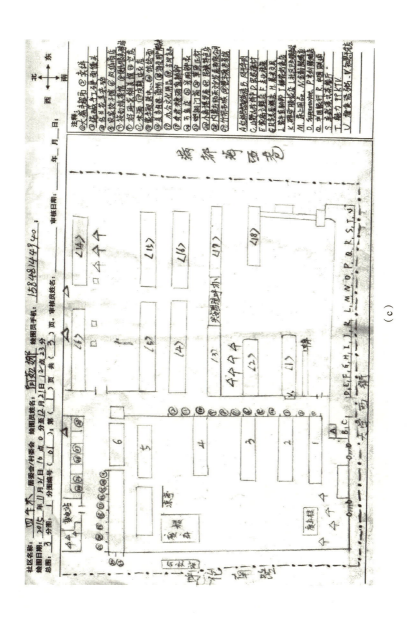

(c)

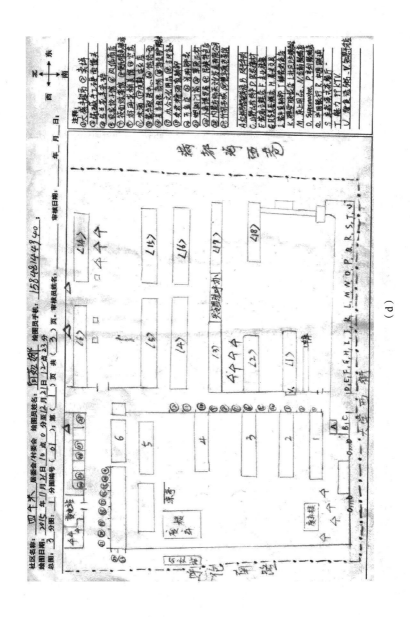

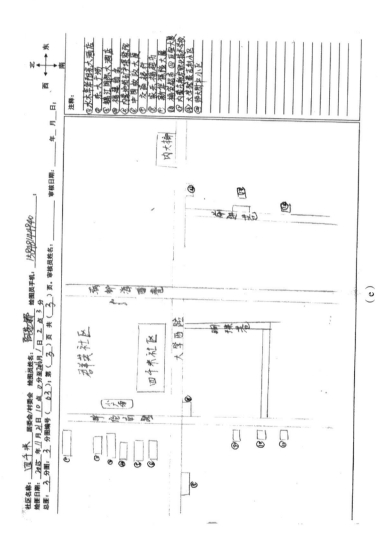

（e）

图1-7　四千米社区基本资源情况分析

资料来源：调查员自行绘制。

完善社区基础设施建设、发挥社区服务作用、提升社区专业服务水平，以及建立社区管理体制机制等方面形成一个系统、科学的执行方案。

（8）新建东街社区基本资源情况分析

图1-8（a）显示了新建东街社区在本次资源评估中的调研员测评得分情况。

从整体数据来看，首先，新建东街社区测量指标达标的有12个。其中，在社区公共设施配套项目中有6个，分别是社区居委会办公场地指标、社区小公园或小广场指标、社区便民利民公共服务设施指标、消防设施指标、公共设施维护指标以及特色项目指标；在社区公共管理与服务情况项目中有4个指标，分别是物业公司服务指标、法律援助与人民调解服务指标、社区文化服务指标和特色项目指标；在社区自治和机制建设情况项目中有1个指标，即社区党组织建设指标；在社区财力资源状况项目中有1个指标，即公共财政指标。

其次，新建东街社区在本次调查测量中，没有任何一个指标的得分为0分。

最后，新建东街社区在测量指标中得分与达标分值差距较大的指标有6个，分别是处于社区公共配套项目中的防空防灾减灾设施指标，处于社区公共管理与服务情况项目中的劳动就业服务指标，处于社区专业服务与互助服务中的服务实施情况指标和特色项目指标，处于社区自治和机制建设情况项目中的社区组织建设指标，以及处于社区财力资源状况项目中的社会捐赠指标。

通过对以上测量指标的统计分析，测量达标的指标有12个，约占指标总数的五分之二，没有指标得0分，且得分与达标分值差距较大的指标也较少，仅有6个，这说明新建东街社区整体的资源状况良好，只有个别方面有待完善和提升。在社区公共设施配套上，该社区基本达到标准水平，管理方式与服务水平也比较

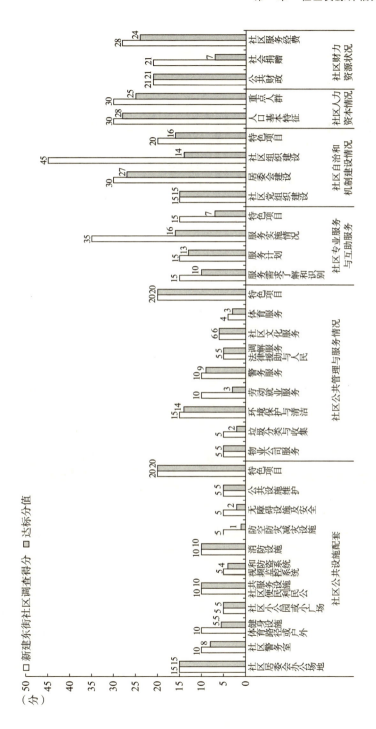

（a）

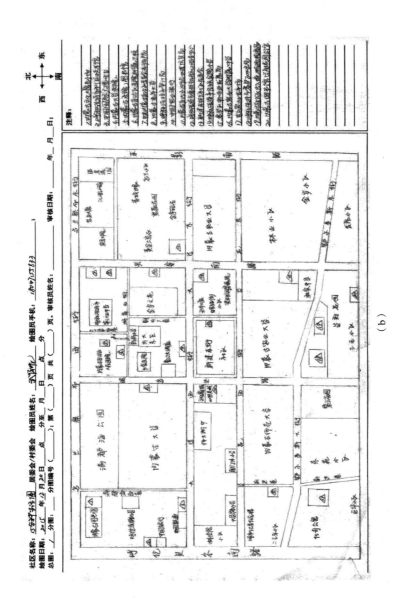

（b）

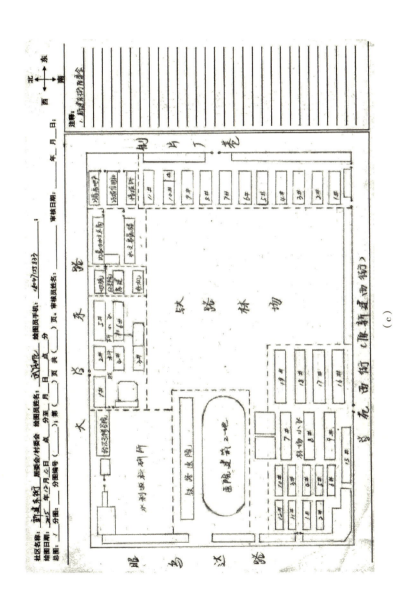

（c）

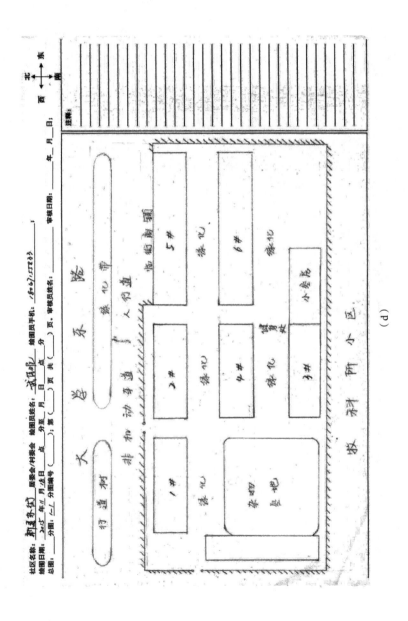

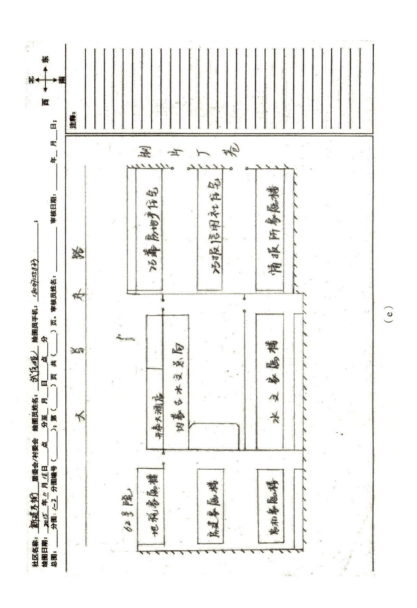

(e)

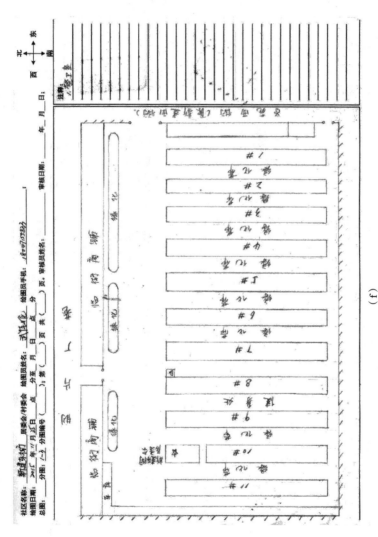

图1-8 新建东街社区基本资源情况分析（f）

资料来源：调查员自行绘制。

先进，人力和财力资源整合较好。但在社区组织建设、社区服务实施情况以及获取社会捐赠的能力方面还存在一定的问题，这需要社区在今后的工作中更加关注这几个方面的建设。如组织推选居民代表、居民小组长、小区楼（院）长，并定期召开会议商讨社区事务，根据社区内的各类社会组织情况发展社区志愿者（义工），建立社区志愿者（义工）管理制度，定期面向本社区居民开展社区公益互助志愿活动等；如按照服务计划，为老人、青少年、单亲家庭、失业人员等特定人群提供专业服务，建立健全街道、街道服务中心、社区居委会相互转介工作机制等；如完善接受社会捐赠机制，拓宽个人捐赠、企业捐赠以及社会公益组织（基金会、慈善机构、红十字会）等捐赠主体和渠道。

（9）兴安南路社区基本资源情况分析

图1-9（a）显示了兴安南路社区在本次资源评估中的调研员测评得分情况。

从整体数据来看，首先，兴安南路社区测量达标的指标有5个，其中的3个指标是处于社区公共设施配套项目中的社区警务室指标、社区便民利民公共服务设施指标以及视频监控系统和防盗系统指标，1个达标指标是处于社区公共管理与服务情况项目中的法律援助与人民调解服务指标，1个达标指标是处于社区人力资本情况项目中的人口基本特征指标。

其次，兴安南路社区在本次测量中分值为0的指标有8个，约占指标总数的四分之一。其中，在社区公共设施配套项目中有5个0分测量指标，即体育路径或户外健身设施指标、社区小公园或小广场指标、消防设施指标、防空防灾减灾设施指标以及无障碍设施及安全指标；在社区公共管理与服务情况项目中有2个0分指标，即物业公司服务指标和垃圾分类与收集指标；在社区财力资源状况项目中有1个0分指标，即社会捐赠指标。

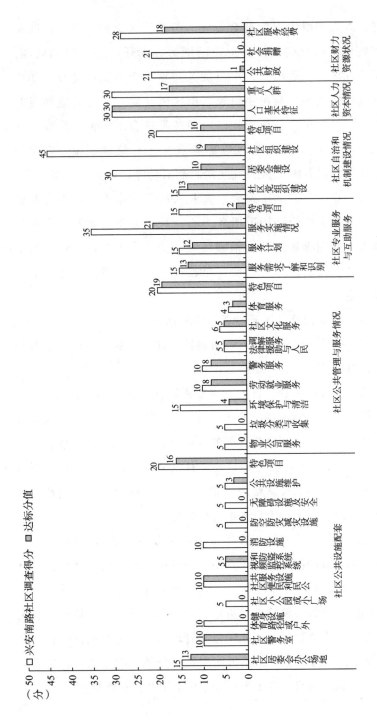

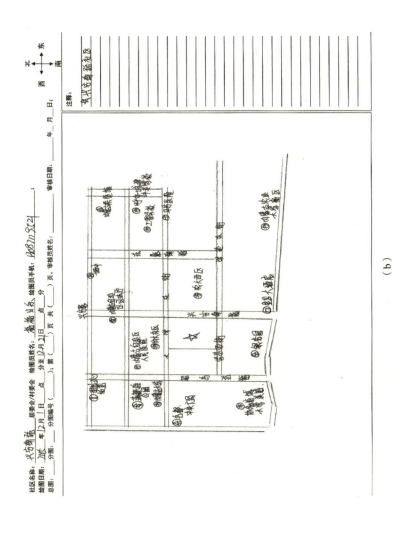

（b）

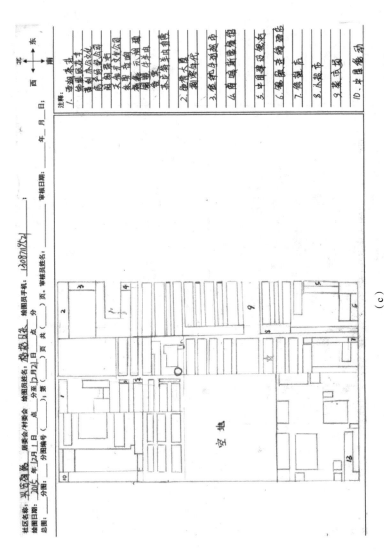

图1-9 兴安南路社区基本资源情况分析

（c）

资料来源：调查员自行绘制。

最后，测量指标分值与达标分值差距较大的指标有 9 个。在社区公共管理与服务情况项目中有 1 个指标，即环境保护与清洁指标；在社区专业服务与互助服务项目中有 2 个指标，即服务实施情况指标和特色项目指标；在社区自治和机制建设情况项目中有 3 个指标，即居委会建设指标、社区组织建设指标和特色项目指标；在社区人力资本情况项目中有 1 个指标，即重点人群指标；在社区财力资源状况项目中有 2 个指标，即公共财政指标和社区服务经费指标。

通过对兴安南路社区测量指标的统计分析，可以得出以下结论。兴安南路社区测量指标分值为 0 分的指标数量目前是各社区中最多的，也就是说，兴安南路社区在社区资源建设上的空白区是最突出的，集中体现在社区公共设施配套项目以及社区公共管理与服务情况项目上。测量指标分值与达标分值差距较大的有 9 个指标，超过了指标总数的四分之一，与 0 分指标个数相加超过指标总数的二分之一。除了社区资源面临在诸多空白空间之外的 9 个主要方面的建设水平低下的问题，今后的工作重点应该是集中做好社区发展规划，形成资源建设的体系，从管理机制、社区服务、公共设施建设等基础性社区资源建设抓起，在取得一定成效的基础上，再进行社区服务专业化、拓展社区人力和财力资源的工作。

（10）学府花园社区基本资源情况分析

图 1-10（a）显示了学府花园社区在本次资源评估中的调研员测评得分情况。

从整体数据来看，首先，学府花园社区测量达标的指标有 13 个，约占指标总数的五分之二。其中，在社区公共设施配套项目中有 4 个达标指标，分别是社区居委会办公场地指标、社区小公园或小广场指标、社区便民利民公共服务设施指标和消防设施指标；在社区公共管理与服务情况项目中有 3 个达标指标，分别是物业公司服务指标、法律援助与人民调解服务指标、社区文化服务指标和体育服务指标；在社区专业服务与互助服务项目中有 1 个达标指标，即服务需求了解和识别指标；在社区自治和机制建设情况项目中有 2 个达标指标，分别是社区党组织建设指标和特色项目指标；在社区人力资本情况项目中有 1 个达标指标，即人口基本特征指标；在社区财力资源状况项目中有 1 个达标指标，即公共财政指标。

其次，测量指标分值为 0 分的指标没有，分值为负数的指标有 2 个，即处于社区公共管理与服务情况项目中的垃圾分类与收集指标以及社区专业服务与互助服务项目中的特色项目指标。

最后，测量指标分值与达标分值差距较大的指标有 8 个。其中，3 个处于社区公共设施配套项目中，分别是体育路径或户外健身设施指标、视频监控系统和防盗系统指标以及防空防灾减灾设施指标；2 个处于社区专业服务与互助服务项目中，分别是服务计划指标和服务实施情况指标；1 个处于社区自治和机制建设情况项目中，即社区组织建设指标；2 个处于社区财力资源状况项目中，分别是社会捐赠指标和社区服务经费指标。

通过对前文学府花园社区的测量指标的统计分析可知，学府花园社区的测量达标指标个数是所有社区中数量最多的，高达 13 个，说明该社区在这 13 个方面已经完成相关的资源整合和建设工作，并取得了显著的成效。从整个资源测量数据来看，学府花园的整体资源存量相对较好，社区建设和管理水平也很高，已经形成了具有该社区特色的资源。但是，该社区在一些方面还存在一定的不足和缺陷。如在垃圾分类与收集方面，还缺少将可回收物、餐厨垃圾、有害垃圾和其他垃圾分类收集的容器；在社区专业服务与互助服务方面，还缺少为社区异地务工人员及其子女、特困家庭、社区矫正人员、社区精神病康复者等特殊群体开展有特色、被群众广泛认可和欢迎的服务，需要积极主动地申报和开展社区公益项目。

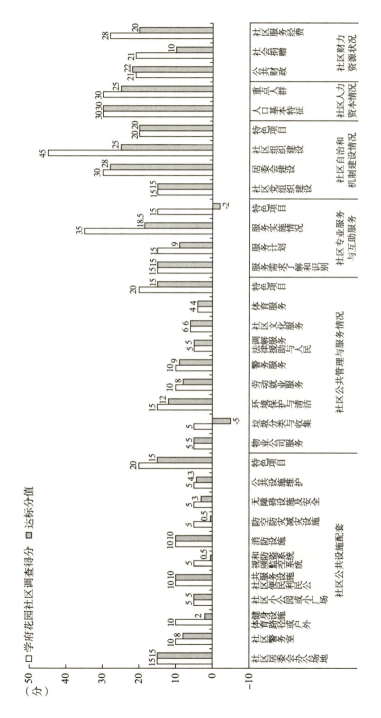

（a）

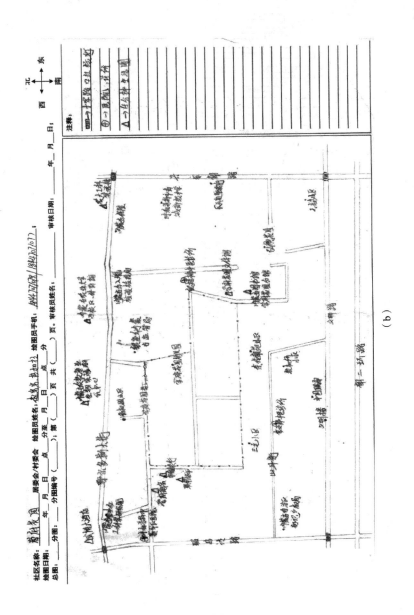

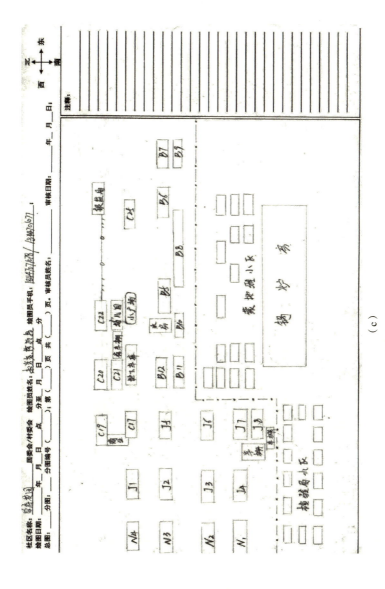

图1-10 学府花园社区基本资源情况分析

（c）

资料来源：调查员自行绘制。

2. 各社区资源调查主要内容分值对比分析

（1）社区公共设施配套情况

从图1-11我们可知，该测量项目达标值为100分，其中超过合格分数即超过60分的社区有5个，占社区总数的一半。新建东街社区在该测量项目中分值最高，达到85.5分，四千米社区在该项测量中分数最低，仅为33.5分，最高分与最低分差距为52分。整体而言，大学西路街道在社区公共设施配套建设方面的情况不是很好，各社区资源分配失衡情况较严重，在增加配套设施建设投入的过程中，应该更加注重根据目前各社区的资源现状，合理分配建设的人力、物力和财力资源。

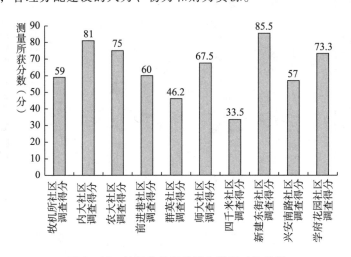

图1-11　社区公共设施配套情况对比分析

（2）社区公共管理与服务情况

对社区公共管理与服务情况的测量是对社区基础性服务水平及其基本管理的一种反映。其主要包含9个测量指标，涉及卫生环保、文化体育服务、警务调解工作和劳动就业服务等方面，是一个社区综合"软实力"的体现。

从图1-12可以看出，社区公共管理与服务情况项目的达标值为80分，处于合格分值以上即达到48分的社区有7个，占总数的 70%。测量最高分是新建东街社区的 67 分，测量最低分为四千米社区的 −12 分，最高分与最低分相差 79 分。同时，在本项目中出现了负分值社区。整体而言，大学西路街道十个社区在社区公共管理与服务方面的整体水平还是很高的，除四千米社区外，农大社区与群英社区的测量分值与合格分相差不大。就本项目而言，今后的建设工作在整体推进的基础上，应该着重关注四千米社区的发展，必要时实施具有针对性的建设方案。

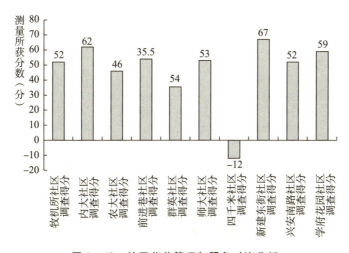

图 1−12　社区公共管理与服务对比分析

（3）社区专业服务与互助服务情况

对社区的专业服务与互助服务进行测量主要是为了反映社区的专业服务水平情况，其主要包括 4 个具体测量指标，就专业服务的需求认知水平、服务计划水平、服务实施情况以及开展具有社区特色的专业服务进行预计评估。该项目是现代社区发展理念与实践的体现。

通过图 1−13 可知，社区专业服务与互助服务项目的达标值为 80 分，属于合格分数即大于或等于 48 分的社区仅有 1 个。测量最高分是兴安南路社区的 48 分，测量最低分为四千米社区的25 分，最高分与最低分相差 23 分，差距不是太大。从整体来看，以上数据说明整个大学西路街道十个社区在社区专业服务与互助服务项目上的建设水平较低，达到合格分的仅 1 个社区，各社区之间分数差距不大，说明各社区发展专业服务的水平比较均衡。在今后的街道发展规划工作中，需要加强对该项目的关注程度，加大资金和政策性支持的力度，这样才能够全面推进该项目的建设。

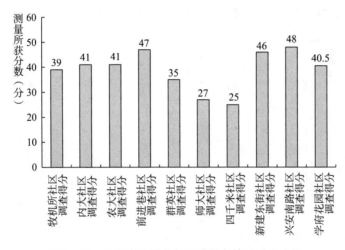

图 1 - 13   社区专业服务与互助服务情况对比分析

（4）社区自治和机制建设情况

社区自治和机制建设项目情况反映了一个社区组织机制的水平。其主要包括 4 个测量指标，主要是对社区党组织、居委会、社会组织和社区特色组织情况的一个综合测量。该项目是社区组织架构与自治制度的体现。

通过图 1 - 14 可以看出，社区自治和机制建设情况项目的达标分值为 110 分，是本次调查测量中所占比重最高的项目。其中达到合格分数即分值大于或等于 66 分的社区有 6 个，最高分达到 88 分，是学府花园社区，最低分仅为 37 分，是四千米社区，最低分与最高分相差 51 分。总的来说，十个社区整体的社区自治和机制建设情况良好，8 个社区都在 50 分以上，仅有 2 个社区在

50 分以下。四千米社区在之前几个项目中的结果也不是很理想，属于个案情况。兴安南路社区在本项目中的结果不尽如人意，是之后工作的重要关注点。

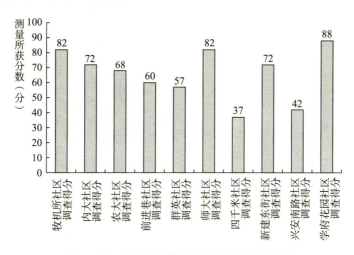

图 1－14 社区自治与机制建设情况对比分析

（5）社区人力资本情况

社区人力资本情况项目的测量反映了一个社区的人口结构和特征。其主要包括 2 个测量指标，即对社区的人口基本特征如年龄、性别和职业情况，以及对重点特殊人群进行测量。社区人力资本情况是一个社区制定服务与管理方案的依据，也是社区发展潜力的重要资源。

如图 1－15 所示，社区人力资本情况项目的达标分值为 60 分，其中十个社区全部达到合格分数即测量分值大于或等于 36 分。最高分 55 分为学府花园社区所得，最低分 38 分为四千米社区所得，最高分与最低分相差 17 分。通过数据分析，大学西路街道十个社区在该测量项目中的结果相对较好，第一次出现了全部达到合格分数的情况，并且最高与最低分数差值也是各个项目中最低的。这说明在社区人力资本情况项目中，整个街道的人口结构比较平衡，职业特征也相对平均，社区资源建设工作拥有比较充足和多元的服务主体。今后的主要工作目标应该是保持人力资本优势，充分挖掘和开发整个街道的人力资源潜力，形成服务多元、管理完善的社区建设模式。

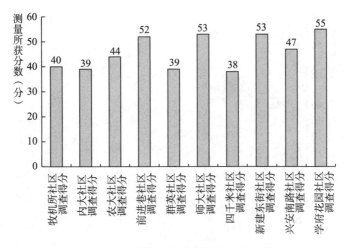

图 1 – 15　社区人力资本情况对比分析

（6）社区财力资源状况

社区财力资源状况反映了一个社区的财政情况。本项目主要包含 3 个测量指标，即针对社区财政收支、社会捐赠情况以及社会服务经费 3 个方面的具体情况进行统计。社区财力资源是社区资源的重要组成部分之一，是社区建设与发展的基础项目。

如图 1 – 16 所示，社区财力资源状况项目达标值为 70 分，其中达到合格分值即测量分值等于或大于 42 分的社区有 4 个，测量最高分 52 分为新建东街社区与学府花园社区，二者并列，测量最低分 19 分是兴安南路社区所得，最高分与最低分相差 33 分。总的来说，大学西路街道十个社区整体处于中等偏下水平，财力资源分布差距较大，在公共财政支出、接受社会捐赠渠道以及社会服务经费的总量和支出方面都存在很大的提升空间。社区今后的工作在整体提升各社区财力建设能力的同时，应尽量减少财力分配不均的情况，同时引导各社区增强财力资源的自我建设能力。

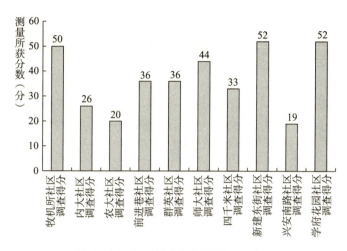

图1-16　社区财力资源情况对比分析

3. 社区资源测量总分对比分析

图1-17反映了本次社区资源评估测量总分值的各社区对比情况。总的达标值为500分，达到合格分数即总分值等于或大于300分的社区有6个，最高分375.5分是新建东街社区所得，最低分154.5是四千米社区所得，总分的最高分与最低分相差221分，差距是最低分的一倍多。

从以上数据来看，本次资源评估测量的结果整体上还是比较令人满意的，6个社区总分达到标准的合格分以上，3个社区总分在200~300分，仅有1个社区总分处于200分以下。但是也能看到，整个大学西路街道社区在资源建设中还存在很多短板，总分高的社区在某个测量项目中的结果却不尽如人意，四千米社区的所有测量数据在项目结果中都是属于垫底的。街道建设能力要全面提升、共同进步，就要充分发挥目前存在的资源与先进的管理、服务经验的引导作用，在整体资源分配上要做到合理、均衡，在发展规划制定上要根据各社区的具体实际情况，制定和出台差异化的发展标准和扶持政策。只有通过这种不断发挥现有优势、集中资源补短板的方式，才能真正推进街道的发展进程。

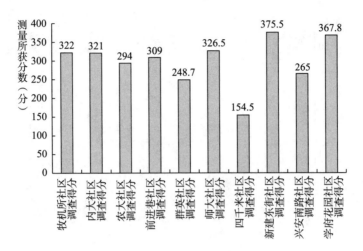

图 1-17　社区资源评估测量总值对比分析

第二章

社区居民对社区资源的满意度分析

一 社区居民对社区资源存量的
满意度情况分析

（一）评估标准说明

本部分主要呈现了社区居民对本社区资源存量的满意度评估，具体调查方法是项目组调查员直接进入社区实地观察，通过走访居民、询问商户等形式完成评估。社区居民对社区资源存量的满意度调查包含了五个模块的内容，分别为社区公共设施配套满意度（100分）、社区公共管理与服务满意度（100分）、社区专业服务与互助服务（100分）、社区自治和机制建设情况满意度（100分）、特色项目（100分）。上述模块涵盖了社区居民对社区的"硬件资源"和"软件资源"的满意度测评，从多个角度、多个维度对社区居民进行了测评，因此本测评具有较强的可信度和可靠性。

（二）评估结果

1. 各个社区测评项目分析

（1）测评项目：社区公共设施配套满意度（100分）

首先，大学西路街道各个社区的居民对社区公共设施配套的综合满意度为78.5分。从图2-1可以看出，内大社区、师大社区、新建东街社区、兴安南路社区、学府花园社区的满意度都超过综合满意度。但牧机所社区、农大社区、前进巷社区、群英社区、四千米社区的公共设施配套资源存量仍然有待提升。

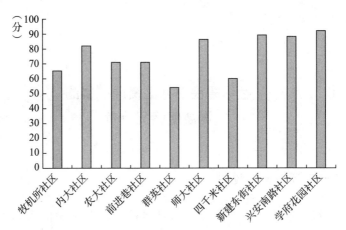

图2-1 各个社区公共设施配套满意度测评项目得分情况

其次，具体到各个社区公共设施配套满意度测评指标的得分情况如下（见图2-2）。

①居民对社区居委会的评价

此项测评指标的测评内容包括：居委会办公地点便利程度的满意度；社区居委会工作时间方便性的满意度。社区组建居委会，这并不意味着居民对居委会的设置是满意的。从图2-2可以看出，除了群英社区，其他社区的居民对社区居委会的评价都在10分以上，出现差距的一个重要原因是群英社区居委会办公地点的便利程度的满意度测评分只有1分，这说明群英社区需改善居委会办公地点的便利性。

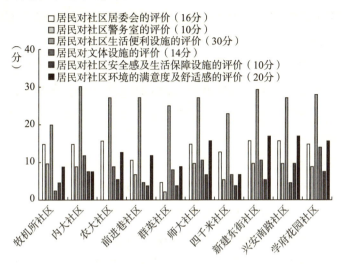

图 2-2 各个社区公共设施配套满意度测评指标得分情况

②居民对社区警务室的评价

此项测评指标的测评内容包括：社区警务办公场所的知晓度；警务办公场所的便捷度。从图 2-2 看出，农大社区这一测评指标的测评分为 0 分，经考察，农大社区实际建立了社区警务室，但居民给出的测评分为 0 分，此外群英社区居民对这一测评指标给出的分值小于 5 分，说明这两个社区都需要针对居民的需求，更好地发挥社区警务室的作用。

③居民对社区生活便利设施的评价

此项测评指标的测评内容包括：小型便利店、超市、肉菜市场的方便程度及满意度；银行、医院、药店、学校的方便程度及满意度；公共交通的便利性和满意度；水、电、煤气管埋开通及维护程度的满意度。从图 2-2 可以看出，各个社区的居民对社区生活便利设施的评价都大于或等于 20 分，经考证，各个社区的生活设施都相当完善。

④居民对文体设施的评价

此项测评指标的测评内容包括：社区文化室的设施、场地设计、使用情况的满意度；体育运动设施及维护的满意度；小公园或广场的满意度。从图2-2可以看出，牧机所社区的居民对这一测评指标给出的分值小于5分，原因是居民对社区文化室的设施、场地设计、使用情况的满意度测评给出0分；其余社区对文体设施资源存量的满意度测评均大于或等于5分，尤其是内大社区、师大社区、前进巷社区、新建东街社区、学府花园社区的测评分在10分以上。

⑤居民对社区安全感及生活保障设施的评价

此项测评指标的测评内容包括：对视频监控系统、防空减灾避难场所设施、消防设施的满意度；对本社区节能环保情况、排水设施、周围"三废"及噪声控制的满意度。从图2-2可以看出，前进巷社区、群英社区、四千米社区的居民对这一测评指标给出的分值小于5分，原因是居民对本社区的视频监控系统、防空减灾避难场所设施、消防设施缺乏了解，因而需要加强这一方面的建设和加大居民消防意识的宣传力度；其余社区的居民对这一测评指标给出的分值均大于5分，尤其是兴安南路社区的分值，达到了满分10分。

⑥居民对社区环境的满意度及舒适感的评价

此项测评指标的测评内容包括：对垃圾分类处理的满意度；对社区公共场所卫生保洁的满意度；对无障碍通道的满意度；对本社区车辆停放的满意度。从图2-2可以看出，牧机所社区、内大社区、群英社区、四千米社区的居民对这一测评指标给出的分值小于10分，原因是这些社区的居民对无障碍通道的满意度不高，有的甚至给出0分；其余社区的居民对这一测评指标给出的分值均大于10分。

综上所述，在这一测评项目中，内大社区、师大社区、新建东街社区、兴安南路社区、学府花园社区的综合实力超过其他社区，说明这些社区公共设施配套的资源存量要高于其他社区。

（2）测评项目：社区公共管理与服务满意度（100分）

首先，大学西路街道各个社区的居民对社区公共管理与服务的综合满意度为62分。从图2-3可以看出，内大社区、师大社区、四千米社区、新建东街社区、兴安南路社区、学府花园社区的满意度高于大学西路街道的综合满意度。

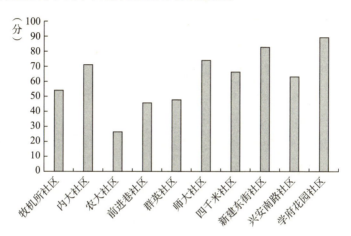

图2-3 各个社区公共管理与服务满意度测评项目得分情况

其次，具体到各个社区公共管理与服务满意度测评指标的得分情况如下（见图2-4）。

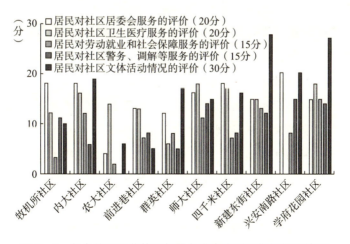

图2-4 各个社区公共管理与服务满意度测评指标得分情况

①居民对社区居委会服务的评价

此项测评指标的测评内容包括：对社区居委会工作人员服务态度的满意度；对社区居委会工作人员办事效率的满意度。从图2-4可以看出，农大社区这一项指标的满意度测评分低于5分，原因是居民对社区居委会工作人员服务态度和办事效率这两项测评内容各给了2分，低于其他社区；其余社区的测评分均在10分以上。

②居民对社区卫生医疗服务的评价

此项测评指标的测评内容包括：居民对社区卫生服务中心服务方便性的满意度；居民对社区卫生服务中心提供的服务质量满意度。从图2-4可以看出，除群英社区、兴安南路社区外，其余社区这一指标的测评分都在10分以上。经查证，群英社区的居民对"社区卫生服务中心服务方便性的满意度"的测评给了2分，低于其他社区，这说明群英社区需要提升卫生服务中心提供服务的方便性。

③居民对劳动就业和社会保障服务的评价

此项测评指标的测评内容包括：有需求的服务对象对参与职业介绍或职业指导等相关信息的了解程度；有需求的服务对象对劳动就业和社会保险服务项目质量的评价。从图2-4可以看出，牧机所社区、农大社区的测评分小于5分，原因是居民对参与职业介绍或职业指导等相关信息的了解程度低；内大社区、师大社区、新建东街社区、学府花园社区这一测评指标的分值都大于10分。

④居民对社区警务、调解等服务的评价

此项测评指标的测评内容包括：处置警情的满意度；信访投诉服务的满意度；社区调解的满意度。从图2-4可以看出，农大社区这一测评指标的分值为0分，原因是居民对社区处置警情的满意度、信访投诉服务的满意度、社区调解的满意度均给出了0分；牧机所社区、师大社区、新建东街社区、兴安南路社区、学府花园社区的居民对社区处置警情、信访投诉服务、社区调解的满意度均在10分以上。

⑤居民对社区文体活动情况的评价

此项测评指标的测评内容包括：居民对社区文化活动的知晓度、满意度；社区特色文化突出，群众参与度高，社区活动影响面广；居民参加社区文体组织的意愿。从图 2-4 可以看出，新建东街社区、兴安南路社区和学府花园社区这一指标的测评分值大于或等于 20 分，说明这些社区的文体活动资源存量高；前进巷社区、农大社区的测评分不高。今后的社区工作应侧重于突出社区特色文化，增强居民参加社区文体组织的意愿，提高群众参与度，扩大社区文体活动的影响力。

综上所述，内大社区、师大社区、新建东街社区、兴安南路社区、学府花园社区在这一测评项目上的综合实力比其他社区高，说明这些社区的公共管理与服务的资源存量较其他社区要高。

（3）测评项目：社区专业服务与互助服务（100 分）

首先，开展社区专业服务与互助服务是社区建设的重要组成部分，也是推进基层居民自治的重要内容。大学西路街道的各个社区的居民对社区专业服务与互助服务的综合满意度为 49.5 分，可见，社区居民对这项测评项目的综合满意度较前两个测评项目要低（见图 2-5）。

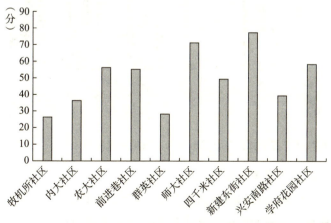

图 2-5　各个社区社区专业服务与互助服务测评项目得分情况

从图 2-5 可以看出，农大社区、前进巷社区、师大社区、新建东街社区、学府花园社区对这一项目的满意度超过了综合满意度。新建东街社区的测评分最高，在 70 分以上，而牧机所社区和群英社区在这一环节与其他社区差距较大，说明这两个社区的专业服务与互助服务资源存量有待提升。

其次，各个社区专业服务与互助服务满意度测评指标的得分情况如下（见图 2-6）。

①老年人服务评价

此项测评指标的测评内容包括：老年人对服务计划或项目满足自身需求情况的满意度；老年人服务成效的满意度。从图 2-6 可以看出，兴安南路社区这一指标的测评分为 0 分，原因是居民对老年人对服务计划或项目满足自身需求情况的满意度和老年人服务成效的满意度两项测评内容都给了 0 分，而新建东街社区这一指标的测评分在 15 分以上，明显高于其他社区。

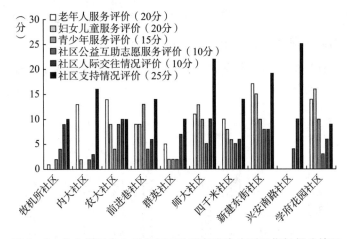

图 2-6　各个社区专业服务与互助服务满意度测评指标得分情况

②妇女儿童服务评价

此项测评指标的测评内容包括：妇女儿童对服务计划或项目满足自身需求情况的满意度；妇女儿童服务成效的满意度。从图

2-6可以看出，牧机所社区和兴安南路社区这一指标的测评分为0分，说明这两个社区今后的服务计划、项目、成效需要侧重于满足妇女儿童的需求；师大社区、新建东街社区、学府花园社区的测评分明显比其他社区要高。

③青少年服务评价

此项测评指标的测评内容包括：青少年对服务计划或项目满足自身需求情况的满意度；青少年服务成效的满意度。从图2-6可以看出，内大社区、兴安南路社区的测评分为0分，师大社区、新建东街社区、学府花园社区这两项指标的测评分明显高于其他社区，说明这两个社区的服务计划、项目、成效能够顾及本社区青少年的需求。

④社区公益互助志愿服务评价

此项测评指标的测评内容包括：对开展社区公益互助志愿服务的知晓情况；对开展社区公益互助志愿服务的满意度。从图2-6可以看出，农大社区和新建东街社区这一指标的测评分值要明显高于其他社区，说明这两个社区公益互助志愿服务的资源存量高于其他社区；其他社区可以通过开展各种活动，提升居民对社区公益互助志愿服务的知晓度和满意度。

⑤社区人际交往情况评价

此项测评指标的测评内容包括：社区居民同邻居的熟悉程度；社区居民对本社区人际关系的满意度评价。从图2-6可以看出，除内大社区外，其他社区这一指标的测评分都高于5分，农大社区、师大社区、兴安南路社区得到了满分10分。内大社区可以通过举办邻里活动，提升居民同邻居的熟悉程度，从而提升社区居民对本社区人际关系的满意度。

⑥社区支持情况评价

此项测评指标的测评内容包括：遇紧急情况时，在社区里可以找到紧急联络或帮助的人；对各类型组织（政府、商业机构或公益机构）提供支持的评价。从图 2 - 6 可以看出，内大社区、师大社区、新建东街社区、兴安南路社区这一指标的测评分要高于其他社区，牧机所社区、农大社区、群英社区、学府花园社区可以引入各类型的社会组织，为居民提供支持性服务。

综上所述，兴安南路社区在老年人服务评价、妇女儿童服务评价和青少年服务评价这三项测评指标上的测评分连续为 0 分，影响了社区自身的综合能力，而师大社区、新建东街社区在这一指标上的测评分明显高于其他社区。

（4）测评项目：社区自治和机制建设情况满意度（100 分）

首先，大学西路街道各个社区的居民对社区自治和机制建设情况的综合满意度为 55. 55 分。从图 2 - 7 可以看出，内大社区、群英社区、师大社区、学府花园社区的测评分超过了综合满意度测评分。师大社区、学府花园社区的测评分要明显高于其他社区；牧机所社区在这一环节与其他社区差距较大，说明牧机所社区的社区自治和机制建设资源存量有待提升。

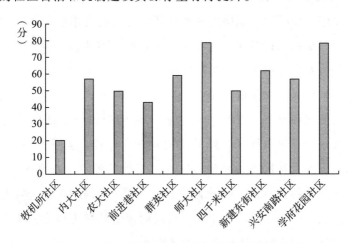

图 2 - 7　社区自治和机制建设情况测评项目情况

其次，具体到各个社区自治和机制建设情况满意度测评指标的得分情况如下（见图 2 - 8）。

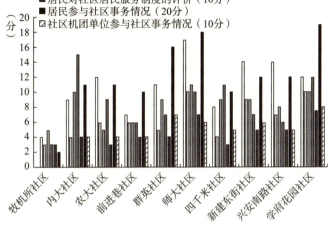

图 2-8　各个社区自治和机制建设情况满意度测评指标得分情况

①居民对社区党组织建设情况的评价

此项测评指标的测评内容包括：社区党员对社区党组织选举情况的满意度；居民对社区党组织参与社区公共事务的评价；居民对社区党员联系居民的评价；本社区党员对社区党支部议事制度的知晓率及评价。从图 2-8 可以看出，牧机所社区这一指标的测评分为 0 分，原因是居民对各项测评内容均给出了 0 分，师大社区这一指标的测评分超过了 15 分。

②居民、社区社会组织对居委会建设情况的评价

此项测评指标的测评内容包括：居民对社区居民自治章程等制度执行情况的满意度；社区居委会指导社区社会组织、业主委员会及物业管理公司（若有）开展工作的满意度。从图 2-8 可以看出，师大社区、学府花园社区这一指标的测评分达到了满分 10 分；牧机所社区、内大社区、四千米社区这一指标的测评分低于 5 分，原因是社区居民对社区自治章程等制度的执行情况不太了解。

③居民对社区民主选举情况的评价

此项测评指标的测评内容包括：居民对社区居委会成员依法选举情况的满意度；居民对住所推选楼长情况的知晓度和满意度；居民对社区推选居民代表情况的知晓度和满意度。从图2-8可以看出，内大社区这一指标的测评分达到了满分，四千米社区、学府花园社区次之，牧机所社区这一指标的测评分持续低迷。

④居民对社区居委会联系居民情况的评价

此项测评指标的测评内容包括：居民对社区居委会联系居民情况的满意度；居民对居民代表联系居民的评价；居民对楼组长联系居民的评价。从图2-8可以看出，内大社区这一指标的测评分最高，师大社区和学府花园社区次之，牧机所社区这一指标的测评分仍然最低。

⑤居民对社区居民服务制度的评价

此项测评指标的测评内容包括：居民对社区居民服务公开宣传的知晓度；居民对"居民公约"执行情况的满意度；本社区利用来自政府、捐助或向居民收费的资金进行本社区内公共设施、专项或综合服务项目相关财务公开程度的满意度。从图2-8可以看出，师大社区和学府花园社区这一指标的测评分要高于其他社区，牧机所社区仍然最低。

⑥居民参与社区事务情况

此项测评指标的测评内容包括：居委会、业委会选举中居民的参与度；居民对社区公共事务的知晓度；居民对社区公共事务的满意度。从图2-8可以看出，学府花园社区、师大社区、群英社区这一指标的测评分均超过15分，牧机所社区这一指标的测评分仍然最低。

⑦社区机团单位参与社区事务情况

此项测评指标的测评内容包括：驻区单位对社区公共事务的参与度；驻区单位对参与社区公共事务的满意度。从图2-8可以看出，学府花园社区这一指标的测评分最高，群英社区、师大社区、新建东街社区次之，牧机所社区这一指标的测评分仍然最低。

综上所述，牧机所社区这一测评项目的综合能力不及其他社区，而师大社区和学府花园社区这一项目的测评分明显高于其他社区，说明这两个社区在社区专业服务与互助服务方面有值得牧机所社区借鉴的地方，可以弥补牧机所社区资源存量的不足。

（5）测评项目：特色项目（100分）

首先，大学西路街道各个社区的居民对社区特色项目的综合满意度为53.9分。从图2－9可以看出，农大社区、师大社区、新建东街社区、学府花园社区的测评分超过了综合满意度测评分。四千米社区在这一测评项目上与其他社区差距较大，说明四千米社区的社区自治和机制建设资源存量有待提升。

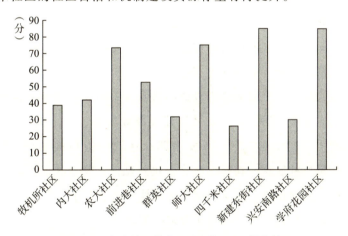

图2－9　各个社区特色项目测评项目得分情况

其次，具体到各个社区自治和机制建设情况满意度测评指标得分的情况如下（见图2－10）。

①居民对社区特色设施的评价

此项测评指标的测评内容包括：居民认为社区特色设施符合社区人口特征和需要，使用率高；居民对驻区单位开放设施情况的满意度。从图2－10可以看出，四千米社区这一指标的测评分

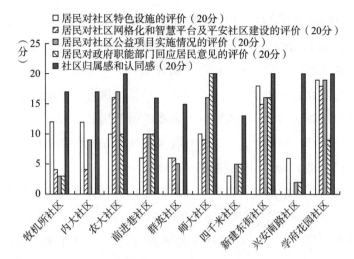

□ 居民对社区特色设施的评价（20分）
▨ 居民对社区网格化和智慧平台及平安社区建设的评价（20分）
▦ 居民对社区公益项目实施情况的评价（20分）
▤ 居民对政府职能部门回应居民意见的评价（20分）
■ 社区归属感和认同感（20分）

图2-10　各个社区特色项目满意度测评指标得分情况

最低，学府花园社区、新建东街社区这一指标的测评分高于15分，较其他社区要高。

②居民对社区网格化和智慧平台及平安社区建设的评价

此项测评指标的测评内容包括：居民对推行社区网格化服务管理模式后，社区服务管理成效的满意度；居民对智慧平台建设成效的满意度；居民对平安社区建设成效的满意度。从图2-10可以看出，四千米社区、兴安南路社区这一指标的测评分为0分，牧机所社区这一指标的测评分仍然低迷，学府花园社区、农大社区、新建东街社区这一指标的测评分高于15分。

③居民对社区公益项目实施情况的评价

此项测评指标的测评内容包括：居民对社区公益项目设计符合社区居民需求情况的满意度；居民对社区公益项目实施成效的满意度。从图2-10可以看出，学府花园社区的这一测评指标得到了满分20分，新建东街社区次之，牧机所社区的测评分仍然低迷，而兴安南路社区这一指标的测评分最低。

④居民对政府职能部门回应居民意见的评价

此项测评指标的测评内容包括：居民对政府职能部门主动听

取居民意见建议情况的满意度；居民对政府职能部门接受居民意见建议，并进行反馈的满意度。从图 2-10 可以看出，师大社区的这一测评指标得到了满分 20 分，新建东街社区次之，牧机所社区的测评分持续低迷，而兴安南路社区这一指标的测评分最低。

⑤社区归属感和认同感

此项测评指标的测评内容包括：对自己是本社区一员的认同度；若无外在原因（如升学、异地工作等），居民在本社区的搬迁意愿。从图 2-10 可以看出，除了四千米社区这一指标的测评分小于 15 分外，其他社区这一指标的测评分均大于或等于 15 分。

综上所述，师大社区、新建东街社区、学府花园社区这一项目的测评分明显高于其他社区，其他社区需提升社区特色项目的资源存量。

2. 社区居民对社区资源存量评估的总体分析

首先，大学西路街道各个社区的主观指标综合满意度为 296.75 分（社区资源五项指标的综合分为 500 分）。

从图 2-11 可以看出，师大社区、新建东街社区、学府花园社区的主观指标测评分高于主观指标综合满意度测评分，其他社区的主观指标测评分均低于综合满意度测评分。

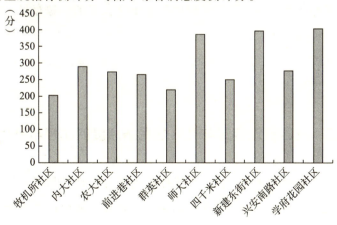

图 2-11　各个社区主观指标得分情况

其次，从图 2 - 12 可以看出，师大社区、新建东街社区、学府花园社区五个测评项目的主观指标测评分较其他社区要高。

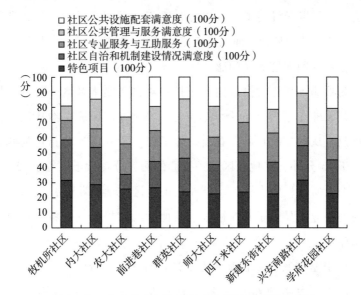

图 2 - 12　各个社区测评项目占主观指标百分比情况

综上所述，社区居民对社区资源存量的满意度调查从五个测评项目，即社区公共设施配套满意度、社区公共管理与服务满意度、社区专业服务与互助服务、社区自治和机制建设情况满意度、特色项目，测评了大学西路街道十个社区的资源存量。师大社区、新建东街社区、学府花园社区的"硬件资源"和"软件资源"的综合实力明显比其他社区要强，有值得其他社区借鉴的地方。

二　社区资源存量与社区居民满意度的比较与分析

下文通过对十个社区四个维度的资源分布现状与居民满意度进行比较分析，总结二者之间的关系及差异，从而进一步分析十个社区资源存量的优势和劣势，之后就优势方面提出进一步优化发展的建议，就劣势方面给出对策建议来改善现有的状况，最终为社区工作人员合理规划整合社区资源、安排社区服务项目等工作提供科学依据。

（一）社区资源存量与社区居民满意度比较

这部分我们通过调查员实地调研的问卷的分数，对社区资源分布现状与居民满意度进行比较和分析，这一部分内容共分为四个部分。第一部分是对十个社区的社区公共设施配套（共计100分）的资源分布现状与居民满意度进行比较分析。第二部分是对十个社区公共管理与服务情况（80分）的资源分布现状与居民满意度进行比较分析。第三部分是对十个社区专业服务与互助服务（80分）的资源分布现状与居民满意度进行比较分析。第四部分是对十个社区自治和机制建设情况（100分）的资源分布现状与居民满意度进行比较分析。如果社区资源分布现状的分数高于居民满意度的分数，则说明该社区资源没有被充分利用，没有真正惠及居民的日常生活；如果资源分布现状的分数低于居民满意度的分数，则说明该社区资源得到了充分利用，满足了居民日常生活所需，居民对此较为满意。

1. 社区公共设施配套

从图2-13可以清楚地看到，虚线（代表社区居民满意度）总体走势要高于实线（代表资源分布现状）。这就表示，从总体上来看，居民对于社区公共设施配套的现有状况比较满意。其中，师大社区、四千米社区、兴安南路社区以及学府花园社区表现得最为明显，其居民满意度得分要远远高于资源分布现状得分，表明社区便民服务设施完善，安全防护措施到位，消防设施符合国家标准，无障碍设施安置合理，公共设施维护良好，居住环境优良；只有农大社区的居民满意度得分略低于资源分布现状得分，体现了该社区的现有资源没有被充分整合和利用，便民服务设施没有满足居民的个性化需求，社区安防没有达到标准化要求，居民对无障碍设施的设置和安全性有疑虑，需要进一步的合理规划和设置，公共设施也没有得到应有的维护，社区呈现脏乱的现状，需要进一步改善。

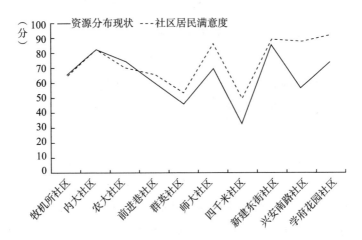

图 2－13　社区公共设施配套的资源分布现状与居民满意度比较

2. 社区公共管理与服务情况

从图 2－14 可以看出，在社区公共管理与服务情况测量指标中，牧机所社区的居民满意度得分略高于资源分布现状得分，内大社区两项基本持平，农大社区、前进巷社区资源分布现状得分高于居民满意度得分，这一差距体现了居民对现有社区管理与服务状况的不满，社区的公共管理状况较差，相应的服务项目设置不合理，社区居住环境体验感差，因此需要根据社区居民需求评估状况进行调整和改善。师大社区、四千米社区、新建东街社区、兴安南路社区以及学府花园社区居民满意度得分普遍较高，说明这些社区的公共管理相应机构设置完善，居民遇到问题时可以第一时间得到解决，社区的服务项目迎合了居民的需要，针对特殊人群的特色服务项目设置合理、服务到位。

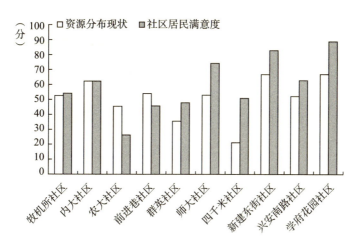

图 2 - 14　社区公共管理与服务情况居民满意度比较

3. 社区专业服务与互助服务

从图 2 - 15 可以看出，在社区专业服务与互助服务测量指标中，资源分布现状得分与居民满意度得分在几个社区中存在明显差异。在牧机所社区、内大社区、群英社区以及兴安南路社区中，居民的满意度得分均低于资源分布现状得分，表明居民对现有社区专业服务的服务计划、服务实施情况以及特色项目的开展状况感到不满意。

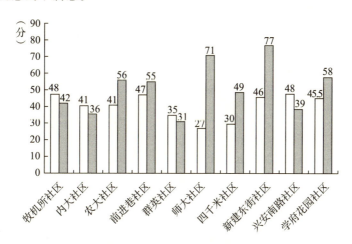

图 2 - 15　社区专业服务与互助服务的资源分布现状与居民满意度比较

社区应着力加大社区专业服务项目的计划和实施力度，以居民需求为出发点，建立健全街道服务中心、居委会和社会工作服务中心的互助与转介工作机制，努力提升居民居住的舒适度和幸福感。在农大社区、前进巷社区、师大社区、四千米社区、新建东街社区和学府花园社区中，居民满意度得分则明显高于资源分布现状，表明居民对社区现有的专业服务以及居民间的互助服务感到满意，对现有的社区专业服务项目感到认可，对社区工作肯定。

4. 社区自治和机制建设情况

通过图 2-16 我们对社区自治和机制建设情况的两个维度，即资源分布现状和社区居民满意度进行比较来看，这项的资源分布现状得分大都高于居民满意度得分，说明社区自治和机制建设情况存在的问题具有普遍性。在兴安南路社区和四千米社区中，社区居民满意度分数高于资源分布现状得分，说明这两个社区的党组织建设、居委会建设以及社区组织建设状况良好，居民可以获得相应的便利与服务，居民可以充分地参与到社区建设中。在其他八个社区中，资源分布现状得分则明显高于社区居民满意度得分，说明这些社区的资源未被充分利用，社区党组织没有充分

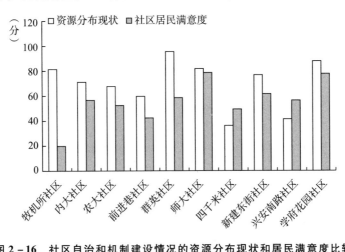

图 2-16 社区自治和机制建设情况的资源分布现状和居民满意度比较

发挥积极带动作用，居委会建设没有以服务居民为重点，社区组织建设忽略了居民需求，居民难以参与到社区建设事务中，只能被动接受社区建设成果。

三　社区居民对社区发展中存在问题的认识

（一）焦点小组方法介绍

焦点小组访谈法在目前的定性研究中应用非常广泛，该方法是由哥伦比亚大学社会学系教授默顿和他的同事开创和运用的。其特性是研究者预先设计好主要的研究问题，在访谈提纲的指导下，研究者组织被访者参与讨论，鼓励他们在访谈中表达自己的主观感受。

此次资源评估采用焦点小组访谈法收集社区居民对社区资源的意见，开展情况说明如下。

1. 准备阶段

在此阶段，评估组制订焦点小组计划，包括调研目的、访谈提纲等内容，以及培训主持人等准备性工作。

2. 分组数量

根据不同类型的居民对社区的参与度以及关注角度的差异性，选择党员代表、居民代表以及群众作为样本，分别组成党代表焦点小组、居民代表焦点小组、群众焦点小组。根据访谈提纲分别对十个社区各开展 3 次焦点小组访谈。

3. 环境设定

此次焦点小组访谈的地点安排在社区内，参加者在熟悉的环境中可以轻松地参与小组讨论。

4. 参与者

基于此次评估的目的，每个焦点小组邀请 6 ~ 12 位代表参与。评估组邀请对社区熟悉度高、社区参与度高的党代表、居民代表参与焦点小组讨论。另外，通过随机抽样的方法选择社区群众参与小组讨论，以此了解普通社区居民对社区资源的了解程度。

5. 主持人

此次焦点小组的主持人由内蒙古大学社会工作专业的本科生担任。焦点小组在正式访谈开始前，由内蒙古大学、内蒙古工业大学社会工作专业讲师对他们进行系统的培训。

6. 数据分析

焦点小组产生的数据分析是定性的。本次焦点小组访谈数据分析首先综合分析了社区内的 3 个焦点小组的结论，然后根据十个社区的焦点小组结论综合分析大学西路街道的资源状况。

（二）十个社区存在的问题与分析

根据十个社区，共计 30 个焦点小组的访谈结果整理得出每个社区存在的问题如表 2 - 1 所示。

表 2 - 1　十个社区存在的问题汇总

序号	社区名称	问题汇总
1	牧机所社区	1. 社区居民与社区居委会之间的矛盾 2. 各个小区以单位为中心抱团进行活动，无法实现各小区之间资源的进一步共享 3. 社区居民的社区参与度较低 4. 社区内存在大量孤寡老人、下岗职工、外来打工人口等，单靠社区居民自身难以解决众多问题，需社区工作人员协调帮助
2	内大社区	1. 居民流动性大，居委会工作人员表示有时候开展活动很困难，时常遇到问题，使得社区工作遭到阻碍 2. 有些社区内的资源并不是对全体居民开放的，只对某类人群（例如内大教工）开放 3. 居民之间的互动越来越少

续表

序号	社区名称	问题汇总
3	农大社区	1. 关于社区日常事务，只要不涉及居民切身利益，居民一般不会参与或者监督 2. 社区邻里之间的互动较少，居民的社区认同感不高 3. 社区居民与社区居委会之间存在矛盾 4. 社区服务脱离居民需求
4	前进巷社区	1. 社区居民的社区参与度低 2. 社区居委会无法回应社区居民的表达性需求 3. 社区老年人的养老需求得不到满足 4. 居委会服务资源分配不均
5	群英社区	1. 居民对社区居委会的功能、角色定位认识不清 2. 社区老年人表示需要建老年活动室、爱心超市等 3. 老旧小区，生活供水设施退化，经常停水 4. 小区面积太小，活动场所不足
6	师大社区	1. 居民的参与度低，社区的认同感和归属感不强 2. 社区居民与社区居委会互动关系弱，在社区建设工作中出现了"上热下冷"的局面 3. 社区服务脱离居民需求 4. 社区服务工作缺少相应的专业性 5. 社区服务经费来源单一、资金不足，使大部分服务工作难以开展
7	四千米社区	1. 居民对社区居委会的角色、功能认识不清，对居委会产生一些误解 2. 社区居委会工作脱离居民需求 3. 社区缺少健身器材、活动室等基础活动设施 4. 社区房屋老旧、卫生差，居民财物会出现被盗现象
8	新建东街社区	1. 残疾人、孤寡老人及其他弱势群体需要被关注及帮助 2. 社区服务经费来源单一、资金不足，使大部分服务工作难以开展 3. 由于未能准确掌握居民需求，使资源未能被挖掘和利用。
9	兴安南路社区	1. 社区工作人手不足 2. 居民对社区的归属感不强，社区参与度低 3. 社区管理、服务工作缺失，例如工作态度不好、没有物业、治安差
10	学府花园社区	1. 居民期望加强物业服务 2. 社区居民期望需求能够得到及时的回应，但是相关单位存在工作效率低等问题

从表 2-1 可以看出，在焦点小组访谈中，十个社区所反映的问题既有共性问题，也有个性问题。总的来说，大学西路街道十个社区的问题主要有以下几个方面。

1. 居民对社区居委会缺少充分的认识

居委会作为群众自治组织，职责复杂而导致服务对象、工作内容、职能异位，导致居民对居委会的法定角色、功能、职责等各方面认识不清，造成了不少误会，阻碍了各类社区工作的开展。

2. 居民对社区资源缺乏全面的了解

从社区居民现有的观念来看，原有的"单位参与意识"在很大程度上影响了"社区自治参与意识"的形成和塑造。居民缺少主动参与社区事务，主动挖掘、整合、使用社区资源的意识。焦点小组访谈结果反映，社区居民对身边的社区资源缺乏了解，不清楚身边的哪些资源可以使用、如何使用。

3. 社区资源分布不均

在人力资源方面，各社区有各类能够满足居民需求的人才资源，但是，各社区未能将这些人才资源整合成社区的服务资源。各社区成立的志愿者队伍缺少相关的培训和服务指导，服务意识弱、专业能力不高。社区经费来源单一，依赖上级财政拨款难以回应社区居民的生活和发展需求。社区历史、环境等造成大学西路街道各个社区缺少不同类型的健身、活动设施，各社区之间的互动程度低，社区内的基础设施共享率低。

（三）社区资源的 SWOT 分析

基于上述焦点小组访谈发现的社区资源发展问题，我们借助 SWOT 分析法对各社区的资源优势（S）、劣势（W）、发展机会（O）及受到的威胁（T）加以分析，具体见表 2-2 的大学西路街道十个社区的 SWOT 分析情况。

表 2-2 大学西路街道十个社区的 SWOT 分析情况

序号	社区名称	优势（S）	劣势（W）	机会（O）	威胁（T）
1	牧机所社区	1. 地理位置比较好，交通方便，周边资源丰富，基本能够满足居民的生存及家庭生活需要 2. 社区工作人员工作积极，能够主动争取资源 3. 社区内部分居民对于社区发展问题十分关心	1. 社区内弱势群体数量较大，但社区内没有完整的支持网络 2. 社区由多个住宅小区组成，各小区拥有的资源不一样，"单位"意识强，难以实现各小区之间资源的进一步共享 3. 社区居民参与度低，社区组织自治能力及社区影响力低	1. 街道引进"三社联动"社区发展机制，为社区资源整合、发展提供了机会 2. 从中央到地方的鼓励社会组织发展的政策为社区组织发展提供了机会	作为传统老旧社区，社区内及周边社区的便民利民资源、现代化社区生活资源较少，使满足居民生活越来越高的生活需求存在挑战
2	内大社区	1. 内大社区辖区内及周边公共基础设施较为齐全，基本能够满足居民的生存及家庭生活需要 2. 社区工作站及各管理处积极支持配合社区服务的开展 3. 社区位于内蒙古大学校园里，管理系统比较特殊，也有一定的方便性，同时含有大量的待开发资源	1. 辖区内的居民流动性大，外来人口多，对管理造成了一定的难度 2. 存在资源享用不平等、管理系统的双层机制和单位制意识及居民需求意识不同等问题，社区服务开展较制约	内大社区服务资源丰富，将这些资源整合起来，有利于进一步满足社区居民的需求	如何实现现有资源的整合与管理及不同居民资源使用机会均等化，都是内大社区面临的挑战

续表

序号	社区名称	优势（S）	劣势（W）	机会（O）	威胁（T）
3	农大社区	1. 社区居委会的工作得到居民的认可 2. 社区内各类硬件设施较完善 3. 农大社区内及其附近有几所学校，且这些高校数量所，既为大学生们提供了实践平台，同时也在一定程度上帮助了社区居民 4. 社区位于市区内，交通方便 5. 各类活动场所较多，方便在社区内开展活动	1. 居委会开展活动在很大程度上受到政府部门的影响，活动的性质发生了变化 2. 社区居委会工作人员队伍质素有待提高 3. 社区居民对社区居委会工作人员的认可度较低，居民对社区内的各类资源使用程度低 4. 居委会开展活动的资金有限，无法满足居民的个性化需求 5. 缺乏"一站式"的服务项目，对居民提供的服务有限	1. 社区工作得到政府部门的重视 2. 街道引入"三社联动"机制，有助于社区服务发展 3. 内蒙古农业大学位于农大社区内，可以给居委会提供志愿者，同时在社区内建立志愿者库，为居好地帮助居委会工作人员，为居民提供服务	1. 居民对居委会工作人员和社会工作者的认可度低，同时他们的社会地位、自我认同感低 2. 居委会工作人员缺乏专业性，工作效率不高，居民参与社区活动的程度低 3. 从制度层面来讲，居委会缺少完善的政策法规的支持，开展工作有难度
4	前进巷社区	1. 区位优势 2. 人力资源优势 3. 社区文化优势 4. 社区服务优势 5. 外来商户资源优势	1. 社区内的服务设施不够完善 2. 社区内的房屋老旧 3. 社区各服务部门职能定位不清 4. 居家养老问题 5. 社区居委会工作行政化 6. 社区资源多但不整合	1. 社区内有社会组织 2. 居民自身意识的提高	1. 社区安全问题 2. 老旧小区、房屋整改问题

续表

序号	社区名称	优势（S）	劣势（W）	机会（O）	威胁（T）
5	群英社区	1. 群英社区地理位置优越，四通八达，交通便利，社区内及周边公共基础设施较为齐全 2. 社区居委会以及各项管理处积极组织和开展各项工作，为群英社区居民营造和谐美好的生活环境	1. 居民对各类社区服务的需求量比较大，在社区内建立完整的支持网络和开展及完善各项服务工作较为复杂和困难 2. 社区居民对该社区的认同感和归属感不高，参与度较低 3. 政府职能部门各级干部对社区居委会的性质、职能、作用认识模糊，居民对居委会的信任度越来越低	1. 随着社会的逐渐发展，作为社会"缓冲器"与"协调服务器"的社工工作也逐渐受到政府和广大学者的重视 2. 群英社区辖区内及其周边的资源丰富，社工与社区居委会应将这些资源整合起来，有助于建立居民的支持网络	一些方面与其他新兴高档社区相比处于劣势
6	师大社区	1. 位置优势 2. 人才优势 3. 文化优势 4. 基础设施优势	1. 居民的参与度低，对社区的认同感和归属感不强 2. 社区工作的宣传力度不够 3. 居委会的某些工作流于形式	1. 近几年呼和浩特市对社区工作的支持 2. 位于师范大学社区居民素质和教育水平较高 3. 师大社区基础设施比较完善，且有专门的老年活动中心 4. 师大社区的工作受到内蒙古师范大学的支持，例如老年活动中心便是由内蒙古师范大学投资建立的 5. 社区成立历史悠久，有丰富的文化底蕴	1. 社区活动和服务宣传力度大 2. 师大社区是学区房，导致社区流动人口多，对社区治安和社区治理带来了负担 3. 社区凝聚力不强 4. 尽管师大社区的某些设施和资金受到内蒙古师范大学的支持，但这也导致某些活动和市场所只是为师范大学的某些设施大学的支持服务

社区评估实务模式

续表

序号	社区名称	优势（S）	劣势（W）	机会（O）	威胁（T）
					大退休教职工提供的，例如老年活动中心只允许师大退休教职工进入活动等，从而造成资源服务的不平等 5. 社区内党员的带头和引导作用不强，而且没有楼长和专门的居民代表 6. 活动场地小，很多资源缺乏 7. 没有形成网格一体化的管理机制
7	四千米社区	1. 辖区内及其周边公共基础设施较为齐全 2. 社区内有很多驻区单位，并积极支持配合社区服务的开展 3. 社区建立社区服务中心、社工进驻社区开展服务，扩大和提高了社区公益服务的范围及水平	1. 居民对各类社区服务的需求量比较大，服务开展有一定的压力 2. 在社区内举办活动时，居民的参与度较低 3. 两个住宅院独立管理，互动少，院内资源难以共享	1. 经济、社会的进步对社区的发展提出了更高的要求，也为社区建设提供了动力 2. 各类有助于居民生活、社区发展的政策法规出台，为社区成长带来了资源和机会 3. 社区内外资源丰富，整合资源以及调整资源奠定了基础	1. 社区内弱势群体数量大，建立完善的社区内外支持网络是社区发展的重点和挑战 2. 随着各地区社区建设发展，居民提出的高层次需求更多，这对社区服务提供者以及社区资源的供给也提出了更高的要求

续表

序号	社区名称	优势（S）	劣势（W）	机会（O）	威胁（T）
8	新建东街社区	1. 社区辖区内及其周边公共基础设施较为齐全 2. 在社区内设立社区服务中心，为社区居民提供服务 3. 驻区单位积极配合社区活动并通过提供资源予以支持	1. 新旧小区资源分布不均 2. 社区居民的社区活动参与度较低 3. （社区资源培育不足）社区对注册的社区志愿者没有系统化的培训	1. 社区综合服务及公益服务项目多样，增加了满足社区居民多样化需求的可能性 2. 社区内文化特色品牌的打造 3. "三社联动"是发展社区的重要机会	自身没有资源，大都依靠外部资源
9	兴安南路社区	1. 驻社区单位较多，可以为社区提供各项资源和帮助 2. 交通便利 3. 属于学区住宅社区 4. 社区工作人员积极配合本次调研 5. 社区工作人员工作主动性较强，比如为居民解决供暖问题等 6. 社区党员为社区建设提供了不少建议和意见，老党员起到了监督社区居委会的作用 7. 社区生活基础设施基本完善，可以满足社区居民生活的基本生活	1. 社区卫生不好以及上下班高峰期堵车会影响居民的生活质量 2. 建有社区活动中心，但是使用率非常低，室外活动场地不足 3. 社区人力资源不足 4. 社区居民贫富差距特别大，社区居民素养也参差不齐，不利于推动社区资源整合、共享工作的展开 5. 驻区单位的参与度与态度存在差异	1. 居委会可以跟驻区单位联合开展社区文化活动，为社区居民谋福祉 2. 社区正在尝试引入社会资源以开展社区居家养老服务	1. 社区居民贫富差距大，家庭贫困人口占人口总数的三分之一 2. 社区居民的社区活动参与度低 3. 社区老龄化严重 4. 社区居委会和居民互动不足 5. 社区传统文化流失
10	学府花园社区	1. 社区居民之间的关系较好 2. 社区环境较好 3. 小区基础设施简单方便 4. 居委会对社区的服务很到位，让居民们感到满意	居委会与居民之间的联系并不紧密，缺乏沟通和交流	物业资源丰富	居民对社区服务的需求和要求在不断提高

四 社区资源发展的对策建议

(一) 大学西路街道社区资源总体发展规划建议

1. 资源整合对策

资源整合就是将一些碎片化资源通过特定的方式实现彼此的衔接，从而实现资源的共享和协同治理，其精髓在于将零散的资源要素组合在一起，并最终形成有价值、有效率的一个资源整体。那么，什么是资源，什么可以被定义为社区资源呢？

大学西路街道的社区资源可分为物质资源、精神资源、人力资源以及综合资源等方面。物质资源，其中主要包括财力、物力等，它们直接或间接地制约社区的办事能力和承担社会责任的能力。精神资源，主要指社区各社会组织和社区成员的社会态度、精神风貌、思想道德素质等，它们会直接或间接地影响社区居民对外部不同性质的事物产生不同的态度倾向。人力资源，指在一定时期内的组织中的人所拥有的能够被企业所用且对价值创造起贡献作用的教育、能力、技能、经验、体力等的总称，特别是具备专业技术能力的人才总量。例如，内大社区、农大社区以及师大社区中从事教师职业的居民较多，这些居民就属于高级人力资源，这些人才可以直接或间接地为社区提供服务。综合资源，主要是指社区传统、文化资源、政治资源（政府先进示范单位）等潜在性资源积淀的统一，它们是社区隐形的资产，是社区的一笔重要"财富"。

综上，该街道其实包含很多优势资源，那么我们如何打破社区边界，实现社区资源的一体化和网络化管理，这将是社区未来发展的重点和难点，也是我们优化社区工作的切入点。首先，打破社区行政边界就是摒弃"面积平衡"的说法，以居民需求为核心，合理安排设置服务办事单位，最大可能地方便居民生活。在不增加行政成本的前提下，将服务的触角延伸到老百姓家门口。从调查员实地调研的数据我们可以看出，有很多社区的资源闲置和利用不充分情况很严重。例如，从社区公共管理与服务情况这一项指标来看，农大社区的资源分布现状得分明显高于社区居民满意度得分，这就说明该社区的这项资源很丰富，但没有被充分利用，社区内相应的物业、垃圾分类、环境保护、劳动就业等都设置了相应服务，但可能是宣传不到位、居民对社区事务的参与度低等客观原因导致这些机构没能充分发挥其作用，居民没有获得相应的便利，对该项服务的打分自然就会很低。对此，我们可以扩大机构的服务范围，不仅仅局限于本社区的居民，其他社区的居民一样可以接受相应的服务；同时，我们需要积极鼓励居民代表参与社区事务，向居民及时传达信息，让居民更好地了解这些机构的功能设置、可以提供的服务项目，以及居民自身获取服务的途径等，从而提高社区资源的利用率。

2. 社区资源一体化对策

大学西路街道十个社区均地处呼和浩特市中心位置，交通出行方便，辖区内有多所高校和中小学校，教育资源丰富，医疗资源占有量也很丰富，各项生活服务设施便利。但调查数据显示，这些资源分布相对比较分散，利用率并不高，居民对现存资源状况的了解也很匮乏。社区有资源，居民有需求，但二者不能连接到一起，这就是现存的问题。建立社区资源一体化网络，社区居民足不出户就可以查询到自己需要的资源在哪里，以及获得资源的途径，这样不仅可以提高资源的利用效率，同时也可以提高居民的办事效率。

我们需要建立以居民、家庭为核心的一体化服务网络，促进辖区内单位的联合，充分发挥各个社区的资源优势（见图 2-17）。资源一体化主要包括：社区资源管理的一体化，将辖区内的各项资源汇编成一个资源网，可以清晰地看到社区资源的分布状况；社区资源信息的一体化，居民足不出户，通过社区资源信息网就可以链接到自己需要的资源；社区资源服务的一体化，社区在设置服务项目时可以针对辖区内所有具有共性的居民，这样既可以充分发挥服务项目的作用，同时也可以避免资源的浪费以及未能满足居民需求的问题。

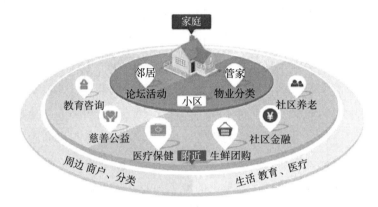

图 2 - 17　以家庭为核心的社区一体化服务

3. 社区网络化管理对策

社区网络化管理就是依托现有的社区管理体系和信息平台，构建"街道—社区—小区—楼栋—居民"五级网络组织体系，按照"界线清晰、任务适当、责任明确、便于考核"的原则，将社区范围划分为数个区域网格，以网格化的方式，组建网格管理服务队伍，将社区工作者落实到每一个区域，并在每个网格区域内对党小组、志愿者、辖区单位进行整合，以片带面、以面带块、上下联动、资源共享、活动共办，形成全面掌握实情、及时反映民情、迅速解决问题、有效化解矛盾的社区管理服务长效机制。

大学西路街道办事处现在已经建立了社区网格化管理机制，在接下来的工作中需要着重实践以下几点。图 2 - 18 为社区网格办事流程。

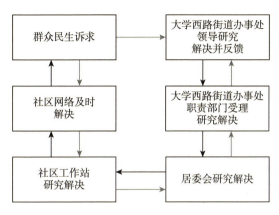

图 2-18　社区网格办事流程

第一，强化岗位责任制。网格责任人要强化责任意识，做到脑勤、腿勤、手勤、嘴勤、笔勤，成为发现、受理、处置、协调、报告第一人。工作人员要尽快熟悉相关政策和工作流程，实现"一岗多责"。网络责任人要能够发现问题，善于处置问题，及时报告问题；推行"错时工作制"，坚持每天至少到网格巡查一次；主动与社区居民交流沟通、增进感情，及时了解掌握社情民意；认真填写网格责任人工作日志，做到工作日清周结、动态信息及时录入；注重自身形象，严格保护服务管理对象的个人隐私和不便公开的个人信息。

第二，加强宣传。通过多渠道、多形式宣传，营造浓厚的舆论氛围，提高居民群众的知晓率、支持度、参与率。在小区宣传栏、公共活动场所、各个楼栋等地方张贴宣传材料，向每个住户发放"一封信"；在醒目位置设置网格化图谱，公布网格责任人照片、姓名、联系电话、工作内容和管理服务职责等信息，向每个住户发放网格责任人服务联系卡。

第三，完善功能。要强化以下五种功能：一是信息联通功能，准确、快速、完整地获取和反馈信息；二是处置快速功能，调节、执法、处置环环相扣、运转快速；三是资源配置功能，对党的基层组织、行政资源、社会资源和市场资源善于整合利用；四是便民服务功能，社区居民能够就近、及时、便捷地获得多样化、高质量的服务；五是社会保障功能，为社区居民尤其是弱势群体提供社会救助，创造就业机会。

通过以上三种社区资源发展对策，实现十个社区之间资源的嵌合型发展，逐步改善社区资源劣势，提高辖区内资源的利用效率，通过改善资源状况，进一步提高居民的生活幸福水平，努力建设地区示范单位，协同带动周边社区的发展。

（二）各社区及社区间资源发展的具体对策

1. 前进巷社区、师大社区、农大社区和内大社区

第一，结合社区实际，首先分析社区存在哪些"零散的东西"、哪些可用资源、哪些可挖掘资源、哪些可分配资源，同时还要弄清资源的来源，这一点非常重要，关系到我们如何入手开发资源。内大、农大、师大社区在学区内，前进巷社区靠近三个社区，辖区内及其周边公共基础设施较为齐全，人力和物力资源较丰富，应该充分提高资源利用率，特别是将周边学校的资源利用起来。社区可以开展一些和学校互动的项目，将学校的资源与之衔接起来，发展多层次的服务项目。

第二，要搜集、整理社区、居民及单位三方的需求，通过深入走访居民、单位了解情况，搭建一个平台，将"资源"与"需求"衔接起来。

第三，内大、农大、师大社区可以给前进巷社区居委会提供志愿者；同时在社区内建立志愿者库，更好地帮助居委会工作人员为居民提供服务。

2. 牧机所社区与兴安南路社区

第一，牧机所社区内的弱势群体数量较大，社区内没有完整

的支持网络，而兴安南路社区正在尝试引入社会资源以开展社区居家养老服务。两个社区的居委会可以同驻区单位联合开展活动，充实居民的文化生活，为社区居民谋福祉。

第二，两个社区内均有较多资源，可以将社区社会组织等有效资源结合起来，重点发展和培育相关政策，建立法律援助机制，建立网络化服务体系，打造具有社区特色的文化品牌。

第三，在充分发挥社区居委会这一传统居民自治组织作用的基础上，积极培育其他社区组织，充分发挥社区中介组织和各类"社区小社团"的作用，通过这些正式、非正式的社区组织调动、团结、服务居民，同时解决政府包揽一切的问题。

3. 新建东街社区与学府花园社区

第一，两个社区可以开展社区综合服务及公益服务项目，增加满足社区居民多样化需求的可能性；借鉴前进巷社区"三社联动"的发展经验，打造社区特色文化品牌。

第二，学府花园社区和新建东街社区要重点完善公共设施建设，在社区的重要场所安置防盗、消防系统，确保安全出口畅通无阻，并对这些设备及时更新和护养。

第三，构建社区间的联系纽带和沟通桥梁，保持彼此之间的信息交流与共享，建立社区间的沟通机制，实现资源共享。

4. 四千米社区

第一，强化社区的居民素质教育功能，在居委会与居民之间建立更为密切的联系，发挥社区的纽带作用。

第二，大力普及、倡导志愿服务理念，建立各级各类志愿服务组织和普遍的社区居民志愿服务制度，广泛组织开展邻里互助等形式的志愿服务活动，增进社区团结，弘扬社会新风。

第三，广泛开展各种居民喜闻乐见的社区群众性文化娱乐活动，吸引和带动居民参与其中，形成愉悦身心、开发潜力、传播文化、弘扬正气的社区阵地。

5. 群英社区

第一，群英社区辖区内及其周边的资源丰富，社工与社区居委会应将这些资源整合起来，有助于建立居民的支持网络。

第二，推动社区居委会、社区社会组织和社会工作者"三社联动"机制的发展，共同开展更加专业的、实际的、系统的服务工作，从而提高社区公益服务水平，完善社区服务职能，更好地满足社区居民不同层次的需求。

第三，该社区内的老年人数量庞大，需求多样化，因此要推动政策帮扶与社工服务相结合，鼓励社会工作者开展老年社会工作，帮助老年人保持身心健康，为老年人营造一个良好的晚年生活环境。

第三章

社区需求评估调查

　　"大学西路街道社区居民需求评估调查"是呼和浩特市大学西路街道办事处委托呼和浩特市睿联凯舟社会工作发展中心开展的一个社会服务规划项目，该项目于 2015 年 9 月启动，至 2016 年 9 月结束，运行时间为一年。社区需求评估调查的出发点在于对社区服务的接受方即社区居民进行深度的访谈和了解，把握居民多维度、多层次的需求，在"人在情境中"的视角下进行评估，对需求的复杂性和变动性、人的行为与环境的互动等因素作整体性考量。社区服务的需求评估之所以重要，是因为它是社区服务的起点，服务计划、服务方案、服务执行、服务成效都源于此。在精准掌握居民需求的基础之上，其对后续的社区服务、社区发展、社区提升项目的开展和推进，都大有裨益。

　　经过项目前期的整体规划、方案设计、问卷制定、访员培训、社区沟通等准备工作，数据采集工作于 2016 年 5 月正式启动，于同年 7 月结束。待问卷收集完成，交由北京专业的问卷录入公司进行数据录入和清理工作，9 月时数据返回机构，开始进行报告撰写环节。

　　"社区居民服务需求调查"包含了四个模块的内容，分别为：

社区居民意愿情况、社区服务设施需求情况、社区服务项目需求情况、个人信息情况。上述模块涵盖了社区居民参与社区活动的主观意愿、对各项服务设施的需求程度、不同群体对社区服务的需求程度，从多个角度、多种群体、多维服务、多种设施等方面对居民的需求进行全方位的了解，使调查具有较强的可信度和可靠性。

为了使调查的样本更具代表性，本次调查的对象为十个社区内随机选取的普通居民，原计划每个社区选取100人作为访谈对象，最后实际完成问卷1004份，保证了统计的需要。

经过分析和总结，此次调查问卷的质量良好，问卷的回收率较高，每个社区的样本量都达到或接近原定计划，数据的可信度达到了要求和预期目标。十个社区的问卷情况如表3-1所示。

表 3 - 1　社区问卷情况一览

单位：份，%

社区名称	问卷数量	百分比
牧机所社区	100	10.0
内大社区	99	9.9
农大社区	98	9.8
前进巷社区	100	10.0
群英社区	105	10.5
师大社区	100	10.0
四千米社区	102	10.2
新建东街社区	100	10.0
兴安南路社区	101	10.1
学府花园社区	99	9.9
总计	1004	100

一 个人基本情况

（一）年龄和性别

此次调查的居民年龄在 13~89 岁。从图 3-1 可以看出，31~60 岁的居民最多，占一半以上（55.8%）；其次是 61~80 岁的老年人，占 27.9%；18~30 岁的青年人占 12.7%；80 岁以上的老年人因其身体原因，调查难度较大，人数也较少，占比为 2.8%；最少的是未成年人，由于他们的知识结构尚不完整，平时的大部分时间都在上学，因此这部分人群的调查人数仅占全部样本的 0.7%。从总体上来看，样本居民的年龄结构符合社区居民的整体情况。

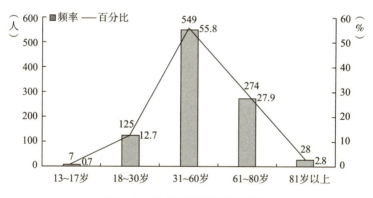

图 3-1 样本居民年龄分布情况

本次调查的居民性别比为 100∶118.8，男性占比为 45.7%，女性占比为 54.3%，女性比例稍高于男性，与实际性别比例接近，因此具有代表性（见图 3-2）。

（二）教育状况

统计结果显示，大学西路街道社区居民的受教育情况较好，

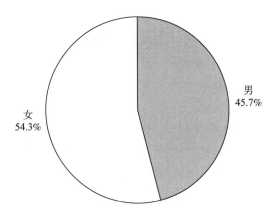

图 3 - 2　居民性别比例

受过高等教育的比例为 43.8%，受过高中、中专和技校教育的比例为 27.6%，还有 28.6% 的居民接受过初中及以下教育。具体情况见图 3 - 3。

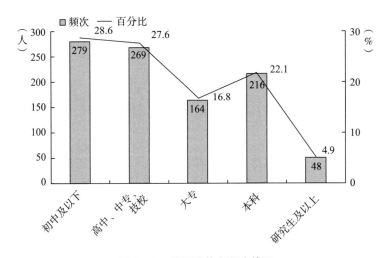

图 3 - 3　居民受教育程度情况

（三）婚姻状况

在被调查的居民中，已婚的占绝大多数（81.5%），其次是未婚，占 10.7%，丧偶和离婚的分别占 6.0% 和 1.6%（见图 3 - 4）。

婚姻状况是影响一个人生活的重要因素，对该因素进行调查，可以辨识拥有不同婚姻状况的人对社区服务需求的差异性，以便社区提供具有针对性的服务措施。

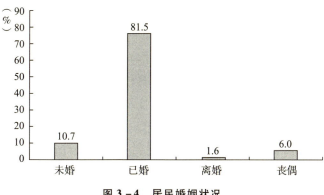

图 3-4 居民婚姻状况

（四）户籍情况

一般认为，户籍是区分流动人口和本地人口的重要指标，而流动人口对社会服务的需求也与本地人口不尽相同。为此，本次调查询问了居民的户籍情况。其中，本地户籍人口占74%，外地户籍人口占26%（见图3-5）。

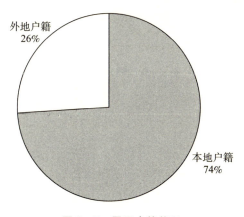

图 3-5 居民户籍状况

（五）收入情况

一般而言，人们的经济和收入会在很大程度上影响一个人对社会服务的需求，然而，经济和收入状况又是一个敏感的话题，因此很少有人愿意将自己的经济和收入状况透露给陌生人。为此，本次调查采取了测量收入区间的方法，只询问被调查居民收入的大致范围，而不探究其收入的具体数额。调查结果显示，社区居民的收入分布情况较为均衡。收入在2001～3000元的居民最多，占23.8%；其次是3001～4000元，占19.4%。其余收入区间所占的比例比较均匀，都在9%～13%，这反映了社区居民的收入状况较为均衡，没有悬殊的贫富差距（见图3-6）。

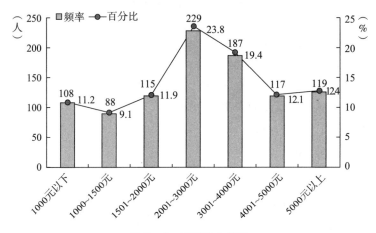

图 3 - 6 居民收入情况

（六）职业情况

不同的职业有不同的时间安排，职业对于一个人闲暇时间的影响非常大，而社区服务主要是围绕居民在社区中的闲暇时间展开的，所以其有必要了解社区居民的职业状况。职业状况对一个人的旨趣、爱好也存在重要影响，这也从另一方面提醒社区在介入居民生活时，要考虑不同职业身份的人的需求。

在被调查的居民中，离退休人员的数量最多，占 28.8%；其次是体制内的在职工作人员（政府机关和事业单位工作人员），占 12.9%；再次是无业/失业/下岗人员，占 11.9%，这部分人对于社区服务的工作来说，是重中之重。

商业服务人员的人数（110 人）也较多，占全部调查对象数量的 11%；一般企业雇员所占的比例为 7%；其他职业的人数均在 50 人以下，比例也都在 5% 以下，相对较少（见图 3-7）。

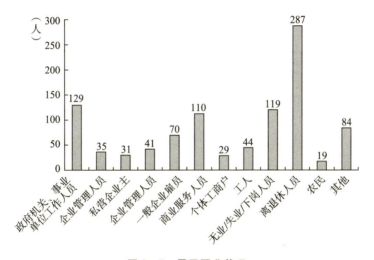

图 3-7　居民职业状况

二　居民参与意愿情况

（一）对社区综合服务中心的态度

首先，从全部样本来看，大学西路街道社区的绝大多数居民对建立社区综合服务中心的态度是支持的，合并"非常支持"和"比较支持"的回答，两者比例合计为 90.5%（见图 3-8）。由此可见，社区居民对建立社区综合服务中心的需求较为强烈。

其次，通过细分各个社区的情况，可以看出，社区居民支持的比例仍占多数，不支持的比例均低于5.0%，一些社区甚至没有人反对建立社区综合服务中心（见图3-8）。由此可见，社区居民对社区综合服务中心的需求日益强烈。

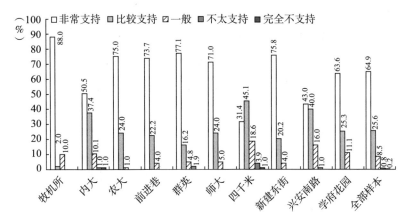

图3-8　各个社区居民对建立社区综合服务中心的态度

具体到各个社区来看，兴安南路社区、四千米社区、内大社区的居民对建立社区综合服务中心的态度相较于其他社区而言不太积极；学府花园社区的情况和总体情况类似。

新建东街社区、师大社区、群英社区、前进巷社区、农大社区、牧机所社区的居民对建立社区综合服务中的积极性高于总体情况，比如农大社区，其支持率高达99.0%。

需要注意的是，仍然有少数居民不支持建立社区综合服务中心，我们对这部分居民不支持的原因进行了追问，理由有：认为没多大意义、不太了解社区综合服务中心的功能、没时间、不希望被打扰、担心活动不能有效开展、有居委会就行。

居民对于建立社区综合服务中心的积极态度并不意味着这些居民会主动参与社区的活动。为此，我们调查了社区居民参与社区活动的意愿。结果显示，有46.3%的居民非常愿意参与社区综合服务中心提供的活动，有32.0%的居民比较愿意参与。由此可见，社区居民对于社区活动的参与意愿低于建设社区综合服务中心的支持率（见图3-9）。

从对各个社区居民的调查结果来看，四千米社区的居民参与社区活动的意愿最低，非常愿意参与的比例仅为15.7%；师大社区的居民参与意愿最高，"非常愿意"和"比较愿意"的比例合计为89.0%；其他社区居民参与活动的意愿由高到低依次为牧机所、内大、农大、兴安南路、新建东街、前进巷、群英和学府花园（见图3-9）。值得注意的是，有少部分居民参与社区活动的积极性不高，通过追问原因，可总结为如下几个：对相关活动不了解、没有接触过类似的活动、年纪大了、没时间、身体不太好。为此，社区综合服务中心在组织社区活动时，需要关注那些因身体、年龄而未能参加活动的群体；在活动设计和宣传方面，需要深入居民之中，耐心讲解，广泛宣传。

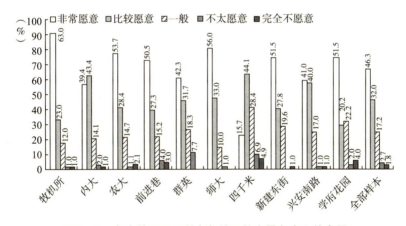

图3-9 各个社区居民对参与社区综合服务中心的意愿

总而言之，社区综合服务中心在组织社区活动时，需要根据社区居民的积极性和整体气氛进行设计，对于参与积极性不高的社区，在组织活动时应该在宣传工作方面加大力度，避免居民参与不足的现象发生。

（二）参加社区活动时的心态

社区居民在参加社区活动时所拥有的心态不尽相同，这会直接影响社区服务和活动的效果，为此我们调查了相关问题。

调查结果显示，有 26.8% 的居民认为参与社区活动能够发挥一技之长，这是一种积极的参与心态，有利于调动居民的参与积极性；更多的居民是抱着公益之心、重在参与的心态投入社区活动中，占比为 53.3%，这部分居民的参与具有不稳定性；还有 10.9% 的居民在参与社区活动时抱着抗拒的心态，因为一些事情而勉强参与，要重点对这部分居民进行关注，了解他们不愿意参与的原因，通过改进服务的方式和时间，调动其参与的积极性，避免其成为社区隔离成员之一（见图 3 - 10）。

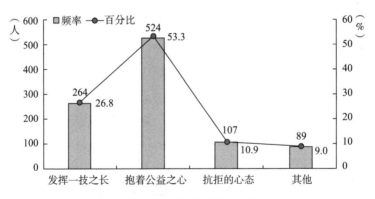

图 3 - 10　居民参与社区活动的心态

（三）智慧社区——通过网络服务平台与社区沟通

智慧社区是社区管理的一种新理念，是新形势下社会管理创新的一种新模式。智慧社区是指充分利用物联网、云计算、移动互联网等新一代信息技术的集成应用，为社区居民提供一个安全、舒适、便利的现代化、智慧化生活环境，从而形成基于信息化、智能化社会管理与服务的一种新的管理形态的社区。

从调查结果来看，居民对智慧社区的态度比较积极，有超过一半（53.2%）的人愿意接受智慧社区的服务，认为条件具备可以尝试的居民占 26.6%。各个社区的居民对智慧社区的概念不尽相同，其中，学府花园社区、新建东街社区、群英社区、内大社区对智慧社区的态度更加积极，不愿意的比例均在 7% 以下，即绝大多数居民对智慧社区有一定好感；兴安南路社区和牧机所社区的居民对智慧社区较为抗拒，不愿意尝试的人接近 50%（见图 3 - 11）。

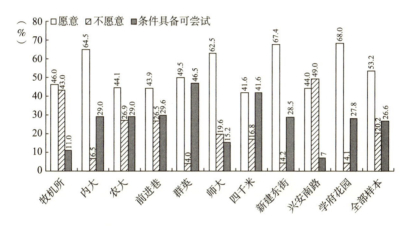

图 3 - 11　各个社区居民对智慧社区的态度

综上，我们在建设智慧社区时，可以根据居民的意愿，先行选择支持率较高的社区进行试点，初见成效之后再推广至其他社区，避免"一刀切"。

三　社区服务设施需求情况

（一）"一站式"服务窗口

该部分论述了居民对"一站式"服务窗口的需求程度。所谓"一站式"服务窗口，即在社区内设立社会保障窗口、计生文卫窗口、为老服务窗口、民政助残窗口、治安调解窗口、党员服务窗口等咨询服务，方便社区居民生活，提高社区办事效率。

从调查结果来看，社区居民对"一站式"服务窗口的需求强烈，有四分之三的居民认为需要该项服务。各个社区的居民对该项服务的态度有一定差别。对"一站式"服务窗口比较热衷的社区有牧机所、兴安南路、新建东街社区，这三个社区的居民表示"非常需要"的比例均在80%左右，而学府花园的居民对此项服务的态度比较谨慎，认为需要该项服务的比例还没有达到50%，其余社区均超过60%（见图3-12）。

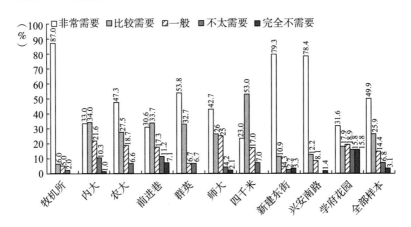

图 3-12　各个社区居民对"一站式"服务窗口的需求程度

（二）社区学校

社区学校作为市民教育的一个重要载体，对于保障和满足社区成员学习的基本权利和终身学习的需求，推动社区精神文明建设，促进社区可持续发展，以及建设现代化社区具有重要的意义。社区学校一般根据社区居民的意愿开办各类专业，不收取任何费用，只要居民想学、愿学，不分男女老幼、文化水平高低，都可以来学习。社区学校以提升居民素质为重点，在学习技能的同时把文明礼仪、邻里和睦、诚实守信贯穿其中，能够有效地改善居民的生活习惯和行为习惯，提高居民的生活质量。

由于社区学校是一个新事物，所以社区居民对这种形式没有太多的认知和概念。调查结果显示，社区居民对社区学校的需求程度较低。整体而言，有 54.3% 的居民认为需要社区学校。从各个社区的情况来看，对社区学校需求最多的是兴安南路社区，有近九成的居民支持建立社区学校，而前进巷社区居民对社区学校最不感兴趣，仅有 16.6% 的居民认为需要社区学校（见图 3-13）。

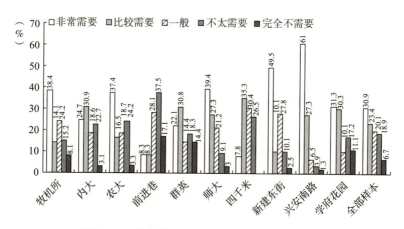

图 3-13 各个社区居民对社区学校的需求程度

（三）心理辅导室

随着我国经济的高速发展和社会压力的加剧，心理疾病状况愈发严峻，此外尚有不少心理亚健康人群。心理健康辅导的作用不单是疏导不良情绪，让居民树立正确的人生观、价值观，更重要的是其作为健康服务前端，还能消除安全隐患，促进社会和谐。

在诸多社会因素的影响下，居民的心理健康问题日益凸显，相关的服务正成为社区居民的刚需，但居民在心理健康方面的知识还很匮乏。调查显示，有 40.7% 的居民认为需要建立心理辅导室。兴安南路和师大社区的居民对建立心理辅导室的积极性较高，均超过了60%。前进巷、群英、学府花园、四千米和牧机所社区的居民对心理辅导室的需求较低，均不超过35%，其中的前进巷社区更是低至14.4%。心理辅导服务对于各社区居民而言，仍然是一个新兴领域，需要更加专业的人员和组织进行相关的服务设计和介入。

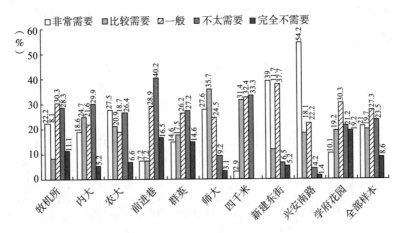

图3-14　各个社区居民对建立心理辅导室的需求程度

（四）社区棋牌室

为了丰富社区居民的业余生活，社区有必要设立棋牌室，以此为居民提供休闲娱乐场所。棋牌室一方面能够使社区居民消磨时间、愉悦心情，另一方面也是社区居民交流和沟通的非正式渠道，使居民可以在打牌、下棋中互相交谈，促进彼此之间的认识和友情，为居民建立社区网络提供一个交往的平台。

整体而言，社区居民对棋牌室有一定需求，认为需要的社区居民超过了半数，占57.5%。从各个社区的情况来看，兴安南路社区和师大社区的居民对棋牌室的需求最大，认为需要的比例接近甚至超过80%；四千米社区和前进巷社区的居民对棋牌室的需求不是很大，只有40%左右的居民认为需要棋牌室（见图3-15）。

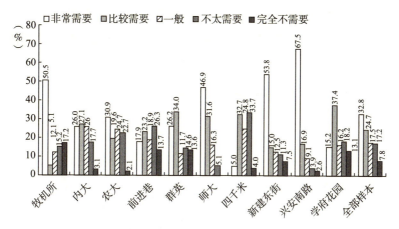

图 3-15　各个社区居民对棋牌室的需求程度

　　需要注意的是，很多棋牌室疏于监管，一些打着休闲娱乐旗号的棋牌室却成了另外一些人"消遣"的平台，成了名副其实的"赌窝"。因此，棋牌室要建立规章制度，避免社区居民在其中开展赌博活动。

（五）爱心超市

　　"爱心超市"说是超市，其实并不是完全意义上的交易市场，它更像是一个爱心传递站，居民和爱心人士把闲置的日用品、穿不上的衣物、用不上的小商品送到这里来，有需要的群众到这里来免费领取，让原本闲置的物品的价值得到充分的发挥。

　　"爱心超市"能够让困难群众得到实在的帮助，方便他们的生活，减轻他们的负担，也能够激发社区和社会各界爱心人士为贫困群众捐款、捐物的热情，开辟奉献爱心的渠道。同时，也为打造社区和谐团结、睦邻友好的人际关系找到突破口，有利于增强社区的凝聚力、亲和力和感召力。

　　从调查数据来看，社区居民对爱心超市的需求较高，有71.5%的居民表示需要爱心超市。各个社区对爱心超市的需求程度也有所不同，其中对爱心超市需求最高的兴安南路社区，有超过 90% 的居民认为有必要建立爱心超市；对爱心超市需求最低的前进巷社区，仅有不到一半的居民认为需要建立爱心超市；其他社区对爱心超市的需求度都超过了 60%（见图 3 - 16）。

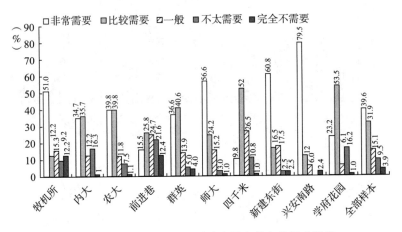

图 3 - 16　各个社区居民对建立爱心超市的需求程度

（六）家政服务室

家政服务是指将部分家庭事务社会化、职业化、市场化，属于民生范畴。家政服务由社会专业机构、社区机构、非营利性组织、家政服务公司和专业家政服务人员来承担，帮助家庭与社会互动，构建家庭规范，提高家庭生活质量，以此促进整个社会的发展。家政服务是一项"双赢"项目。一方面，它为广大家庭提供了保姆、护理、保洁、物流配送、家庭管理等全方位的服务体系，迎合了现代社会快节奏、高压力的生活特征；另一方面，它也是解决再就业问题的主要渠道之一，有助于缓解社会就业压力，帮助无业、失业人员摆脱生活困境。

整体而言，社区居民对家政服务室的需求程度较低，各社区的需求程度呈现两极化趋势。对家政服务室需求高的社区很少，如兴安南路社区的居民在"非常需要"选项上的比例高达 70%；牧机所、师大、新建东街社区这一选项的比例在 40% 左右；其他大部分社区的居民对家政服务室需求较低，在非常需要选项上的比例都在30%以下（见图3-17）。

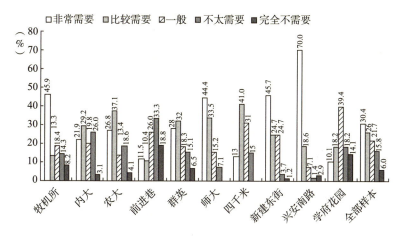

图3-17　各个社区居民对家政服务室的需求程度

（七）健身室（体育活动室）

在社区内建设设施齐全的文体活动中心，无疑能够丰富居民的业余生活，对居民的身体健康也大有裨益。一般的社区健身室（体育活动室）需要有羽毛球场地、乒乓球台、台球桌以及各类健身器材，这样才能够比较全面地满足居民健身锻炼的需求，方便居民健身，使得越来越多的居民开始享受健身乐趣、塑造健康体魄。

健身室的建设可以采用政府部门购买公共服务的形式，从而委托给"民非"组织进行管理运营。通过政府主导市场化运作，开启有益的创新与尝试，这样既能节约政府管理成本，又能够扶持民非企业公益组织的发展。

调查结果显示，社区居民对健身室有较大的需求，共有超过四分之三的居民认为应该建立社区健身室（体育活动室）。而各个社区的情况也不尽相同，其中学府花园、新建东街、群英社区的居民对健身室的需求都超过了80%，前进巷社区仅有不到40%的居民认为需要建立社区健身室（见图3－18）。

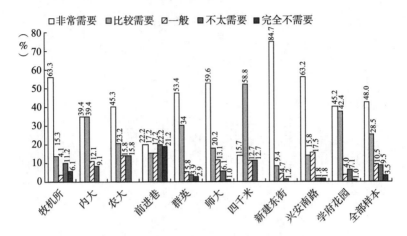

图3－18　各个社区居民对健身室的需求程度

（八）社区图书室

社区图书室是为一定地域内的所有居民服务的具有公益性、教育性、休闲性等特征的文献信息集散场所。社区图书室的功能包括：培育社区文化，传递实用信息，开展社会教育，开发闲暇时间。

社区图书室作为社区居民"身边的图书馆"，其规模、标准各不相同，发展水平参差不齐，很容易出现缺少书刊资源、缺乏充分利用的问题，结果就是社区图书室很少有人问津。为了避免该问题的产生，社区图书室除了涵盖图书信息外，还应该让声音、图像、视频等信息资源进入居民社区。社区图书室不能仅仅是读书看报的地方，更应该成为公共文化空间，从全馆网络覆盖，到各类讲座、艺术沙龙，甚至是针对社区居民的读书会，提供多样化的服务，这样的社区图书室才有吸引力。

调查结果显示，社区居民对社区图书室的需求较大，有接近

70%的居民认为需要建立社区图书室，对建立社区图书室最为积极的是新建东街社区，有96.6%的居民表示对社区图书室有需求，该数据显示了居民对知识的渴望和强烈需求（见图3-19）。

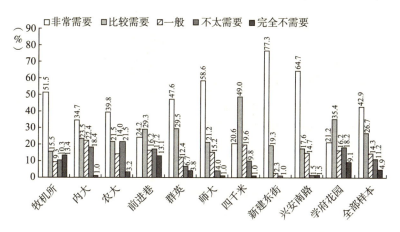

图3-19 各个社区居民对社区图书室的需求程度

（九）青少年活动中心

在素质教育不断深入推进的进程中，青少年服务中心作为弥补学校假期教育空白的社区青少年活动驻所，充分发挥了其阵地作用，从家长的愿望出发，利用中心功能用房、社区自置设备设施的优势，在假期为青少年提供学习、游戏的场所和条件，满足广大青少年多样化的兴趣爱好和特长培养需求。丰富多彩的活动为青少年发展特长提供广阔的空间，既能充实青少年的校外生活，又能扩大社区青少年活动中心的知名度和社会影响。

调查数据显示，十个社区整体对青少年活动中心的需求不高，总体样本"比较需要"及以上的比例为54.6%，而且各社区需求情况差异很大，兴安南路、新建东街社区的居民对青少年活动中心的需求很高，非常需要的比例在50%以上，而四千米、前进巷社区的居民对该项目的需求则非常低，仅分别为7.8%和10.1%。社区人口类型的不同，导致各社区之间该项数据的差异较大（见图 3 - 20）。

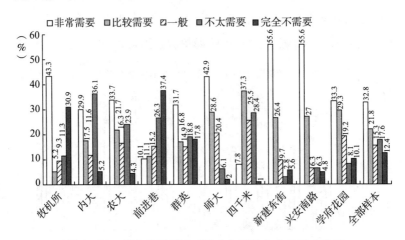

图 3 - 20　各个社区居民对青少年活动中心的需求程度

（十）居民议事室

目前，大多数社区由于缺乏集中、统一的议事平台，居民与社区沟通渠道不畅、缺乏有效互动，很多问题无法及时解决，导致居民对社区有意见、怨言多，进而表现为对社区工作不关心、不配合。

居民自治议事室能够全面了解群众需求，及时解决居民困难，促进社区建设，也能有效疏解居民负面情绪，为社区沟通性民主的发展提供新的平台。为此，社区要大力推进民主化管理，整合各类资源，推广"居民自治议事室"模式，实现社区的事大家管、大家议、大家办，畅通居民的利益诉求渠道。

调查结果显示，社区居民对于建立议事室有一定需求，有59.6%的居民认为有必要建立社区居民议事室。从各个社区的情况来看，兴安南路、新建东街社区的居民对建立社区议事室的需求较大，均超过了80%（见图 3 - 21）。社区通过设立居民议事室，着力解决联系服务群众"最后一公里"的问题。

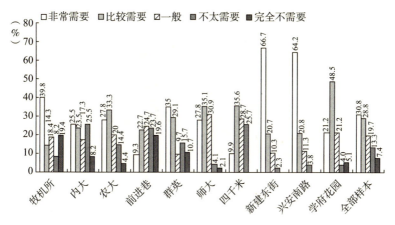

图 3-21 各个社区居民对居民议事室的需求程度

四 社区服务设施需求情况

（一）老年人

老年人的服务需求调查包括居家养老服务、文娱康乐活动、紧急援助服务、老年学堂、老年义工服务、居民互助服务六个方面，具体如下。

随着步入高龄阶段，老人的自理能力逐渐退化，紧急救援、心理干预等特殊养老服务需求逐渐凸显。调查结果显示，社区老年居民对紧急援助服务的需求最高，为 73.9%；对居家养老服务、文娱康乐活动、居民互助服务也有较高需求，需求比例在 55%~70%。相较而言，老年义工服务和老年学堂的需求度较低，均在 50% 左右（见图 3-22 至图 3-27）。

为此，有必要在社区首先开展对老年人的紧急救援服务，保障老年人的紧急需求，第一时间解决老年人的困难。具体实现方法如下：老年人可以凭借老年证向其所在社区的居委会免费申领无线救助电话，一旦出现身体不适或者其他需要救助的情况，则可通过无线救助电话的红色紧急按键或老年定位信息机 SOS 键，

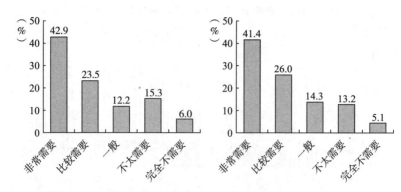

图 3-22　对居家养老服务的需求　　　图 3-23　对文娱康乐活动的需求

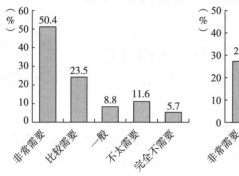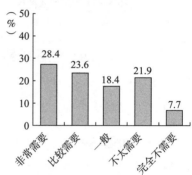

图 3-24　对紧急援助服务的需求　　　图 3-25　对老年学堂的需求

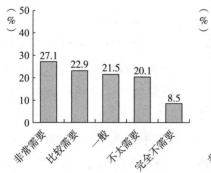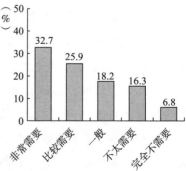

图 3-26　对老年义工服务的需求　　　图 3-27　对居民互助服务的需求

迅速接通老年人救助指挥中心（24 小时有人值守），救助指挥系统在向老年人亲属自动发送急救短信的同时定位老人所处位置，现场监听老年人发出的声音状况，并通过救助系统迅速连通老年人家属、社区和相关急救机构，将他们整合到一个声音平台，从而实现多方通话，协调指挥救助。

（二）女性

由于传统性别观念的影响，女性得到法律认可的地位、权力与现实生活中被认可和取得的实际地位、权力之间存在一定的距离。女性作为一个弱势群体，在发展的道路上，仍然存在许多不容忽视的问题，这些问题既影响了女性的发展，又阻碍了社会进步。

女性对于生活、工作、家庭都担负着沉重的责任，对妇女权益保障服务、就业帮扶服务、婚姻与家庭咨询服务、女性成长服务、兴趣工作坊、子女教育辅导等都有一定的需求。调查结果显示，女性对于妇女权益保障、就业帮扶、子女教育辅导等服务的需求较高，均超过了 50%，说明女性在权益、就业、子女照顾等方面面临一定的困难。

据此，可以发挥妇联、街道办事处、社区居委会、社会服务组织等单位的组织和动员能力，积极解决女性的相关需求，保障女性的权益和就业，缓解其在家庭生活方面的压力。

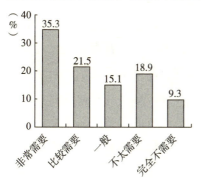

图 3－28　对子女教育辅导的需求

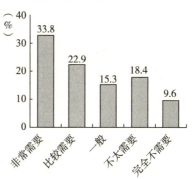

图 3－29　对就业帮扶服务的需求

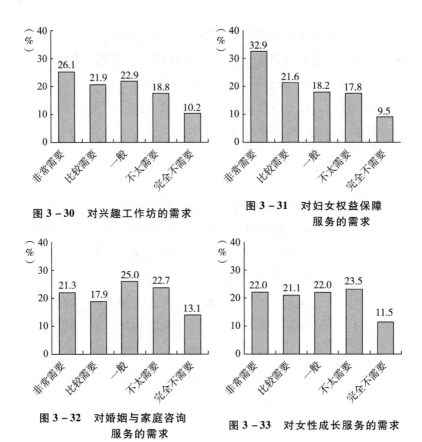

图 3-30　对兴趣工作坊的需求

图 3-31　对妇女权益保障
服务的需求

图 3-32　对婚姻与家庭咨询
服务的需求

图 3-33　对女性成长服务的需求

（三）儿童和青少年

儿童和青少年是社区之中的弱势群体，也是社区中最需要关心和照顾的群体，根据儿童和青少年的需求，我们从学业辅导服务、日间托管服务、素质拓展服务、青少年帮教服务、权益保障服务和心理辅导服务等方面进行调查。调查结果显示，儿童和青少年群体最需要的服务是学业辅导服务，这与其目前的教育模式和家庭压力相吻合。通过借助街道范围内的大学生义工群体为有需要的孩子提供相应的服务，不仅能降低儿童和青少年学习的成本，也能让大学生义工发挥作用。

与学业辅导相对应的素质拓展越来越成为家长重视、社会需要的重要方面。"青少年素质拓展训练"针对青少年心理发展特点和学校教育目标，借鉴行为训练和体验式学习的方法原理，培养学生思想素质以及道德素养、创新精神和实践能力，使青少年的心理、身体、品德素质及潜能得到进一步的激发、调整、升华和强化，最终达到使青少年心态开放稳定、敢于应对挑战、增强创新活力的目的。因此，素质拓展也成为重要的需求项目，有超过一半的居民认为应该提供与之相关的服务。

此外，儿童和青少年的权益保障服务也是居民们认为需要建设的项目，以此来保护较为弱势的儿童和青少年群体。社区居民对日间托管服务、心理辅导服务和青少年帮教服务的需求相对较低（见图 3 - 34 至图 3 - 39）。

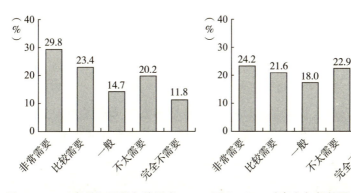

图 3 - 34　对素质拓展服务的需求　　　图 3 - 35　对青少年帮教服务的需求

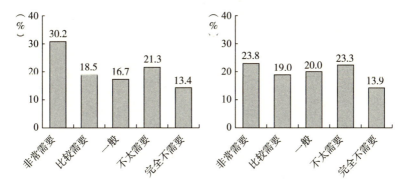

图 3 - 36　对权益保障服务的需求　　　图 3 - 37　对心理辅导服务的需求

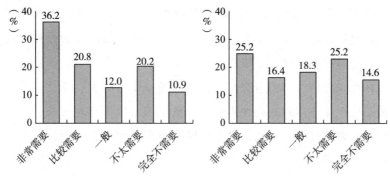

图 3 - 38　对学业辅导服务的需求　　图 3 - 39　对日间托管服务的需求

（四）贫困家庭

贫困家庭中的贫困居民是当前我国重点关注的对象，这部分人的脱贫对小康社会的建设至关重要。脱贫致富不仅仅是简单的财物帮助，更多的应该是对这部分人的创造财富能力的提升和培训。为此，提供相应的就业援助服务、政策咨询服务、社区互助服务、医疗援助服务、法律援助服务、困难救助服务等成为主要内容。

问卷调查结果显示，贫困家庭最需要的服务是就业援助服务，有63.6%的居民认为应该给贫困家庭提供就业方面的服务，以提高这部分群体自力更生的能力。此外，直接的困难救助服务也被居民视为重要的需求。通过困难救助服务，可以从短期上解决困难家庭的危机，有效缓解社区矛盾和居民困境。

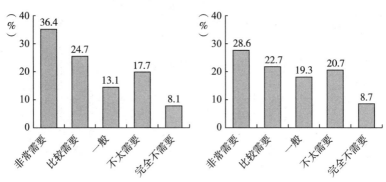

图 3 - 40　对法律援助服务的需求　　图 3 - 41　对社区互助服务的需求

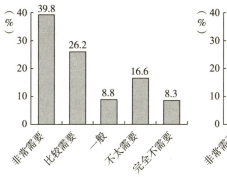

图 3 - 42　对困难救助服务的需求　　图 3 - 43　对政策咨询服务的需求

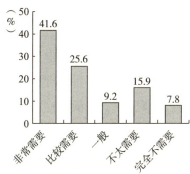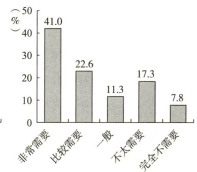

图 3 - 44　对医疗援助服务的需求　　图 3 - 45　对就业援助服务的需求

（五）残疾人

残疾人虽然人数相较于其他群体来说较少，但是他们是最难融入社区生活的，也是最受社会排斥和歧视的，所以对这部分群体的关注最能体现一个社区以人为本的价值理念。

调查结果显示，残疾人群体对于康复服务的需求最大，有60.9%的居民认为应该给残疾人提供社区康复服务，其次是就业帮扶服务，通过就业可以解决残疾人的生活困难和社会适应问题。

相对而言，残疾人群体对生活技能训练和家庭支持服务的需求较低，可以将这些服务融入康复训练之中。

五 各社区需求项目的清单和服务提供建议

根据各个社区居民所反映的需求可以得知，每个社区对不同项目的需求不尽相同。按照各社区最需要的项目进行整理和罗列，便于进行下一步相应的服务设计和提供，有助于解决社区居民最亟待满足的需求或解决的问题（见表3-2、表3-3）。

表3-4列出了十个社区最急需的前三个服务设施，主要包括健身室（体育活动室）、爱心超市、"一站式"服务窗口、青少年活动中心、社区图书室等设施。

表3-5列出了十个社区不同群体最需要的服务项目，其中老年人群体最需要紧急援助服务和文娱康乐活动；女性群体的需求集中在子女教育辅导和就业帮扶服务等方面；儿童和青少年群体的需求主要是学业辅导服务和权益保障服务；贫困家庭的需求主要为困难救助、医疗援助和就业帮扶服务；残疾人群体的需求集中在康复服务、生活技能训练和就业帮扶服务方面。

通过对街道辖区十个社区的居民的需求评估调查，我们发现，虽然社区居民的需求多元化，但是很多社区的需求也较为一致，因此可以进行联合设置，委托相应的社会服务组织提供类似的服务，提高服务效率，节约服务成本。社会服务组织可根据清单中的具体情况统筹规划，合并类似项目，统一打包进行服务的购买和提供，这样既能最大限度地满足居民的需求，也能提高服务的效益，实现"最少投入获得最大产出"的目标，提高街道办事处的工作效率。

同时，本报告为需求评估报告，在为社区提供服务时，可借助社区现有的资源，即根据资源评估报告的结果，开展相应的社区服务工作，避免重复浪费投入，提高街道办事处的统筹规划效率，节约财政投入成本。

表 3－2　十个社区对各服务设施的需求比例

单位：%

服务设施	需求比例									
	学府花园	师大	牧机所	内大	农大	前进巷	群英	四干米	新建东街	兴安南路
"一站式"服务窗口	59.5	68.7	93.0	67.0	74.8	64.3	86.5	76.0	90.2	90.6
社区学校	61.5	66.7	52.5	55.6	53.9	16.6	52.9	43.1	59.5	88.3
心理辅导室	29.3	63.3	30.3	43.3	48.4	14.4	32.1	34.3	50.7	72.3
棋牌室	52.6	78.5	55.6	43.1	50.5	41.1	60.2	37.7	68.8	84.4
爱心超市	76.7	80.8	63.2	70.4	77.6	41.3	77.2	61.8	77.3	91.5
家政服务室	28.3	77.7	59.2	51.1	63.9	21.9	60.3	54.0	70.4	88.6
健身室（体育活动室）	87.9	79.8	78.6	78.8	68.5	39.4	87.4	74.5	94.1	79.0
社区图书室	56.6	79.8	67.0	58.2	61.3	53.5	77.1	69.6	96.6	82.3
青少年活动中心	62.6	71.5	48.5	47.4	86.4	21.2	48.5	45.1	82.0	82.6
居民议事室	69.7	62.9	54.1	49.0	56.8	32.0	64.1	45.5	87.4	85.0

表3-3 十个社区的不同群体对各项目的需求比例

单位：%

服务人群和项目		小区	兴安南路	学府花园	师大	牧机所	内大	农大	前进巷	群英	四千米	新建东街
							需求比例					
老年人	居家养老服务		76.8	81.6	49.5	68.4	68.9	28.3	57.2	63.7	83.4	97.4
	文娱康乐活动		74.7	85.9	60.0	70.7	71.1	24.2	73.1	44.5	85.5	95.8
	紧急援助服务		86.9	82.9	67.4	72.0	86.4	32.3	63.1	78.2	84.2	86.4
	老年学堂		41.9	71.7	37.9	44.0	56.8	21.6	51.0	50.5	66.7	95.7
	老年义工服务		37.9	71.5	36.9	39.6	53.5	16.7	54.5	49.5	73.6	88.6
	居民互助服务		46.2	83.3	65.2	44.1	74.1	19.3	61.7	52.1	79.7	90.0
女性	就业帮扶服务		61.6	81.4	36.2	37.9	69.5	19.6	53.4	62.3	62.1	90.8
	婚姻与家庭咨询服务		29.3	67.4	32.9	31.5	40.5	12.3	37.2	24.5	53.6	92.7
	妇女权益保障服务		41.4	75.8	52.7	32.1	60.6	16.5	57.2	60.8	71.9	82.0
	兴趣工作坊		49.6	69.1	39.0	36.3	52.3	18.3	44.2	34.4	71.5	90.4
	女性成长服务		48.5	66.4	32.6	28.0	47.7	17.6	38.1	36.0	52.8	88.5
	子女教育辅导		75.8	84.2	43.6	34.4	59.5	18.3	55.4	56.5	72.9	93.2
儿童和青少年	学业辅导服务		76.2	72.7	39.6	39.3	52.9	21.5	56.2	54.9	73.3	98.5
	日间托管服务		27.3	70.4	32.2	31.2	47.7	13.4	25.0	38.0	64.1	98.5
	权益保障服务		36.4	80.6	41.8	34.5	50.0	13.5	45.6	51.0	71.4	88.7

续表

服务人群和项目		小区				需求比例					
		兴安南路	学府花园	师大	牧机所	内大	农大	前进巷	群英	四千米	新建东街
儿童和青少年	心理辅导服务	33.4	72.2	28.6	32.6	44.7	15.8	38.4	37.6	65.5	83.0
	素质拓展服务	83.8	76.5	39.6	38.9	50.7	17.6	42.3	49.5	70.2	81.3
	青少年帮教服务	57.5	67.0	30.8	35.2	53.6	17.5	44.0	38.2	67.9	76.9
贫困家庭	就业援助服务	61.2	92.0	34.0	50.0	64.7	58.8	48.1	71.6	63.3	97.1
	政策咨询服务	52.5	88.8	39.3	42.4	62.2	58.8	42.3	62.8	70.2	93.0
	社区互助服务	42.4	86.9	38.7	34.4	58.6	56.3	32.4	36.6	70.2	94.1
	医疗援助服务	57.3	90.0	39.8	69.9	74.7	62.5	40.4	81.2	66.7	95.2
	法律援助服务	37.1	88.9	36.5	63.4	65.5	58.9	41.7	76.0	71.8	88.2
	困难救助服务	67.4	90.6	37.0	70.0	72.8	64.7	44.1	79.8	70.3	75.0
残疾人	康复服务	71.8	91.9	14.4	41.6	60.8	40.2	44.7	75.5	65.2	93.7
	就业帮扶服务	55.6	92.0	10.0	34.9	63.3	40.0	41.9	72.5	63.4	94.5
	支持与咨询服务	53.5	84.8	11.1	35.2	58.9	43.8	39.1	27.4	67.5	89.8
	生活技能训练	70.1	85.7	14.6	33.0	59.0	46.6	41.8	50.5	62.1	83.9

社区在确定居民的需求之后，在提供社区服务时，应该采取公开招标的方式，根据社会服务机构的资质、服务范围、人力状况、专业水平、组织效率等指标进行考察评量，最终决定相应的服务组织，并在后期对服务过程和结果进行监督和评估，建议采用第三方评估机构介入项目评估系统，以达到客观性和专业性的评估目的。

　　最后，社区居民的需求是随着经济社会、社区环境的变化而不断变化的，技术手段的改变也会影响居民的生活质量和需求项目。为此，社区在提供服务时，要与时俱进，根据居民的反馈和建议，不断改进服务，扩大服务面，提高服务质量，以居民的感受为核心，并调动居民自组织的能力和积极性，最终使居民自治、居民自为、居民自发的社区互动和互助系统在外力不断解除的条件下，仍然能够保持社区的活力和居民自助的和谐景象。

表 3 - 4　各个社区服务设施清单（前三位）

社区名称	第一服务设施	第二服务设施	第三服务设施
学府花园	健身室（体育活动室）	爱心超市	居民议事室
师大	爱心超市	社区图书室	棋牌室
牧机所	"一站式"服务窗口	健身室（体育活动室）	社区图书室
内大	健身室（体育活动室）	爱心超市	"一站式"服务窗口
农大	青少年活动中心	爱心超市	"一站式"服务窗口
前进巷	"一站式"服务窗口	社区图书室	健身室（体育活动室）
群英	健身室（体育活动室）	"一站式"服务窗口	爱心超市
四千米	"一站式"服务窗口	健身室（体育活动室）	社区图书室
新建东街	社区图书室	健身室（体育活动室）	"一站式"服务窗口
兴安南路	爱心超市	"一站式"服务窗口	家政服务室

表 3-5 各个社区不同群体优先服务项目设置清单

社区名称	老年人	女性	儿童和青少年	贫困家庭	残疾人
学府花园	紧急援助服务	子女教育辅导	素质拓展服务	困难救助服务	康复服务
师大	文娱康乐活动	子女教育辅导	权益保障服务	就业帮扶服务	就业帮扶服务
牧机所	紧急援助服务	权益保障服务	权益保障服务	医疗援助服务	生活技能训练
内大	紧急援助服务	就业帮扶服务	学业辅导服务	困难救助服务	康复服务
农大	紧急援助服务	就业帮扶服务	青少年帮教服务	医疗援助服务	就业帮扶服务
前进巷	紧急援助服务	就业帮扶服务	学业辅导服务	困难救助服务	生活技能训练
群英	文娱康乐活动	子女教育辅导	学业辅导服务	就业帮扶服务	康复服务
四千米	紧急援助服务	就业帮扶服务	学业辅导服务	医疗援助服务	康复服务
新建东街	文娱康乐活动	子女教育辅导	学业辅导服务	法律援助服务	康复服务
兴安南路	文娱康乐活动	子女教育辅导	学业辅导服务	就业帮扶服务	就业帮扶服务

第四章

社区服务实验项目报告

　　大学西路街道社区服务实验项目即"儿童生命教育——成长不烦恼"社区学校服务项目是以呼和浩特市大学西路街道办事处委托呼和浩特市睿联凯舟社会工作发展中心开展的社区资源需求评估项目为背景而开展的。本实验项目调研社区需求，以社区学校建设为目标，以生命教育为指导，以大学西路街道群英社区的需求儿童为对象，以开展相关培训课程为内容，旨在通过实践与调研相结合的方式，为社区资源及需求提供更多的评估方向与内容，更有效地保障社区资源需求评估项目的顺利进行。

　　同时，这也是对社区服务项目开展模式进行的一次积极探索，希望在不断的实践服务中，对中心未来社区各领域服务项目的开展提供一个可参考的模式架构。以下服务项目总结报告主要包括两个方面的内容，一是本次服务活动的详情内容，主要包括项目策划书、测量量表、计划表、新闻稿、记录表等；二是本次服务项目的评估报告。

一 社区服务实验项目内容

（一）项目策划书

1. 服务时段

2016 年 3 月 1 日至 2016 年 5 月 22 日

2. 项目名称

"儿童生命教育——成长不烦恼"

3. 项目服务背景

呼和浩特市赛罕区大学西路街道办事处成立于 1976 年，占地面积 3.48 平方公里，辖 10 个社区居委会，居住着蒙、汉、回、满、藏、达翰尔等 24 个民族，常住居民 17717 户 46554 人，先后荣获了"全国先进文化社区""全国全民健身优秀活动站""全国绿色社区""全国学习型社区""全国妇女法制宣传教育示范点""自治区思想政治工作先进集体""自治区四五普法依法治理先进集体""自治区级文明示范社区"等百余项荣誉称号。

该街道办事处长期以来以服务社区、服务家长、服务儿童为宗旨，紧跟时代步伐，认识到生命教育的深刻内涵与重要意义，着手从社区、学校、家庭三个方面构建一个以社区为依托、以学校为纽带、以家庭为基础的"三位一体"教育网络，对社区儿童青少年的生命成长提供完善的保障和支持。生命教育日渐被人们所重视，并开始发挥其优势，那么本次项目活动以该街道所辖的"群英社区"的儿童为主要活动对象，开展读书、科技与教育活动，带领儿童和青少年认识自我，探索自我生命历程，学会自我控制和与他人沟通，减少成长中烦恼的自我产生。通过向社区儿童青少年的家长宣传生命教育理念、知识和方法，举办亲子互动活动，使其了解生命教学原则、精神和教学态度，增强对孩子的关注与呵护，减少因家庭关系与家长陪伴失误给孩子成长带来的烦恼。同时，以社区为根据地，做好日常宣传工作，大力倡导生命教育的意义，在整体的生活环境上减少儿童成长烦恼因素，打造一个利于儿童成长的和谐共融的乐园。

4. 项目服务需求与目标分析

一方面，通过"生命教育"系列活动，促进儿童与家长对"生命教育"课程的认识，学会运用绘本思考生活、拓展体验活动、多元艺术教育等方法，对儿童进行"生命教育"教学，使其提升正向生命力，减少成长烦恼，让其在家长爱的教导中进行知识学习、建立真实自信、实现自我价值，从而获得精彩且快乐的生活，使其有能力去面对快速变化的社会环境，去迎接未来艰难的挑战。

另一方面，从制定目标到最后的总结评估，我们以儿童成长历程及其学习运用为着重点，以良好的亲子互动为侧重点，同时注重社区整体的宣传与工作开展。我们以前后对比测量的方式，对儿童的"生命教育"知识培养影响以及家长课堂学习培训进行量化对比，对亲子关系的融洽程度以及社区"生命教育"的宣传力度进行直观的判断，为"生命教育"系列项目活动的后期主题活动的开展提供清晰的数据资料。

①缺乏亲子互动平台

需求分析：儿童教育中的家庭教育方面往往存在很大的空缺，在该社区，家长为生计忙碌奔波，与孩子的沟通交流时间较少，同时家长的教育方式方法的不当也影响了其与孩子之间的沟通和教育，这对儿童的成长和自信培养带来一定的阻碍。由于社区的公共室内活动场所较少，无法提供一个开展亲子互动活动的有利空间。因此，培养家长的教育、交流方式，为亲子互动提供现实与虚拟的平台至关重要。

目标：活动设置亲子互动专题环节，提升家长与孩子之间的相互理解程度，增进交流，为"生命教育"课程的家庭设置开创有利条件，减少儿童在家庭方面的成长烦恼。

②缺乏知识来源以及儿童个人认识能力和控制的水平

需求分析：儿童现阶段处于知识基础的培养期，而学校的教育知识多为科学文化等专业知识，与儿童自我成长、自我关注相关的自我知识涉及不多，从而造成儿童在看待自我、处理自己与他人关系时出现了一系列问题，对自我的认识以及对来自生活、学习的困扰的控制能力也没有得到锻炼和提升，其"生命教育"知识的匮乏以及处理生活事件的能力有限必然给其成长带来诸多烦恼。

目标：活动设计开展"生命教育"知识的形象化学习，让儿童了解自己的生命，感受自己的成长。开展"生命教育"知识的运用实践训练，锻炼儿童运用所学的"生命教育"相关知识来迎接和解决成长中常见的生活事件，提高儿童的控制能力。

③缺乏专业的社区志愿者团队

需求分析：志愿者有不同的文化背景，受过不同的教育，通过组织志愿者社区服务队伍，建立志愿者档案，针对社区儿童的实际需求，开展教育培训、医疗服务、文艺演出、法律咨询等社区志愿服务项目，帮助社区儿童解决现实问题，帮助社区居委会开展各项工作。同时，还要建立和完善青年志愿者的评估表彰制度，做好典型培育工作，发挥优秀志愿者的榜样示范作用。

目标：打造专业的志愿者服务团队，推动社区志愿者队伍建设。

5. 介入工作策略

该项目运用"社区发展模式"，以社区居民为本，以社区资源为依托，以社区发展为主要目标，通过社会工作者的组织和教育，在社区工作过程中促进儿童的"生命教育"培训与组织，强调居民参与，提升社区儿童和家长的参与及互动程度，加强社区宣传，为儿童的健康成长提供全方位的保驾护航。

在实际的介入策略上，该项目以课程教育、亲子互动、社区宣传为主，利用社区现有资源，在社区所辖小学中对儿童开展"生命教育"知识传授课程，在社区公共空间内以家庭为单位开展亲子互动活动，在整体社区中进行"生命教育"的宣传。在这三个方面，我们要针对不同的环节做好及时记录和跟进，以点连线、以线带面，从孩子教育、家庭互动到社区全体参与，推动整个社区对儿童"生命教育"的认识，并为儿童成长提供力所能及的帮助。

6. 项目服务具体安排和服务指标

项目服务具体安排和服务指标详见表4－1。

表4－1 项目服务具体安排和服务指标

序号	服务类型	活动名称	服务地点	服务指标
1.	破冰之旅	认识自我	学校	1次×40人
2.	课堂教育	欣赏自己	学校	1次×40人
3.	课堂教育	爱自己	学校	1次×40人
4.	课堂训练	勇敢与信心	学校	1次×40人
5.	亲子互动	完美的家	学校	上限20个家庭
6.	告别与感悟	告别烦恼	学校	1次×40人
计划服务总人次：40~80人次、10~20个家庭				

7. 预计困难及解决方法

项目的预计困难及解决办法详见表4－2。

表4－2 项目的预计困难及解决方法

预计困难	解决方法
无法了解掌握社区儿童家庭的信息	根据前期走访，查阅相关社区儿童家庭的信息，充分获得社区居委会的支持
宣传力度不足	提前联系社区工作人员，以张贴海报，发布微信、微博和社区走访的方式宣传项目理念、项目活动
联系资源有限	前期联系外来志愿者了解社区状况，招募"生命教育"志愿者团队；活动场地主要集中在学校教室
家长参与时间问题	前期做好调查工作，考虑到家长还要工作的问题，开展活动以实际人数为准
社区居民参与积极性不高	充分利用社区内的资源，加大宣传力度，争取得到社区居民的认同
工作人员人手不足	在社区招募志愿者，组织建设志愿者服务团队，并建立志愿者档案，开展优秀志愿者星级制度评选活动

8. 服务评估

对于本项目活动工作的评估，一是社工本身对于工作的反思；二是通过他人的评估，如服务人群、社区单位、督导等综合各方面进行考评。具体评估方向如下。

（1）社工自评

社工对于活动的反思与总结，同时还可运用同工督导的方式进行有效的评估。

（2）服务社区的评估

服务社区的工作人员对社工所开展的工作的评价及反馈意见。

（3）督导评估

督导对工作全程（包括活动的筹备、开展、评估以及成效）的评价以及建议。

（4）服务对象的评估

服务对象即参加活动者在参加活动之后的反馈意见。

所需评估表：《社工自评表》《服务社区评估表》《督导评估表》《服务对象评估表》。

备注：每一节活动要求有详细的活动记录表，同时写好相关主题的活动新闻稿。

9. 项目预算（略）

二 测量量表

表1 处理烦恼能力量表

下面是有关于烦恼的测试题，请小朋友耐心填写哦（每题均有两个测试结果："是""否"。"是"打"√"，"否"打"×"）。

1. 上课的时候，我能够认真听老师讲课不走神。（　　）

2. 我对每次考试的成绩都很满意。（　　　）

3. 考试的成绩不会影响我的心情。（　　　）

4. 我非常喜欢去学校上学，从来没有不想上学的时候。（　　　）

5. 我觉得学校作业很多，但是我能够找时间完成它。（　　　）

6. 我在学校中有自己的好朋友，并且我们能分享彼此的欢乐。（　　　）

7. 当我与其他小朋友发生冲突时，我能够认真想想是谁的错。（　　　）

8. 当我做错事情的时候，我会主动承认错误。（　　　）

9. 当我与其他小朋友发生冲突时，我会避免用暴力的方式表示不满。（　　　）

10. 我能知道犯错误的原因，并且不会一直责怪自己。（　　　）

11. 我知道自己的特别之处，知道自己的优点。（　　　）

12. 我知道自己的缺点，但不因为自己有缺点而自卑。（　　　）

13. 我经常与爸爸妈妈分享自己的开心和不开心的事情。（　　　）

14. 爸爸妈妈非常疼爱我，我也很爱他们。（　　　）

15. 爸爸妈妈对我有很高的要求，我能理解他们这种期待。（　　　）

16. 我能理智要求爸爸妈妈给我买我想要的东西。（　　　）

17. 爸爸妈妈会在我做错事情的时候惩罚我，我理解他们的行为。（　　　）

18. 爸爸妈妈从来都不认真听我说话，我知道他们很忙。（　　　）

19. 爸爸妈妈经常上班，没有时间陪我，我学会了排解孤单。（　　　）

20. 爸爸妈妈给我报名了很多补课班，有些是我不想学习的，但我会坚持。（　　　）

表 2　目标达成评级量表

请小组员列出三项希望在小组完结时达到的目标。

1. _____

2. _____

3. _____

在小组完结时，请小组员们给之前的目标打个分数，评分标准是这样的。

5 分：比想象中好得多

4 分：比想象中好一点

3 分：跟想象中一样

2 分：比想象中差一点

1 分：比想象中差得多

请小朋友们耐心打完分数哦！

目标	事后评估
1	
2	
3	

三　小组契约书

小组契约书内容如下。

1. 保持平等友爱的关系，要真诚对待每一个组员，如果遇到意见不一致的情况，我们要尊重别人的意见。

2. 当组员在发言的时候，大家应该静下来听别人说。

3. 在小组中涉及的别人的隐私，我们要保守秘密，不能说出去。

4. 参加小组活动要准时，要在规定地点活动。

5. 活动中身体有任何不舒服要及时说出来。

6. 组员要认真完成小组活动任务。

7. 大家要按自己真实情况填写小组表格。

8. 在点评他人时，不能持批判的态度。

四 服务活动计划表

呼和浩特市睿联凯舟社会工作发展中心

"儿童生命教育——成长不烦恼"第一单元活动计划表

活动时间	2016 年 3 月 25 日（15：20～16：00）	活动地点	呼和浩特市呼伦南路小学心理活动室
单元名称			认识自我

活动流程

环节名称	目标	主要内容	时间	备注
自我与项目介绍	组员对社工和项目初步认识	1. 社工自我介绍 2. 项目活动介绍	3 分钟	
破冰游戏	通过游戏更加熟悉其他组员	1. 社工讲解游戏规则 2. 社工参与其中，带领游戏进程	7 分钟	尽量不分组
订立小组契约	1. 使小组建立初步凝聚力 2. 提高组员的参与性，并且使其明白小组契约的意义	1. 社工讲解小组契约的功能以及目的 2. 大家以举手参与讨论形式共同订立小组契约，并由社工写在展板上 3. 完成契约内容并且签订契约	5 分钟	1. 展板 2. 粉笔或者记号笔、彩色笔

续表

环节名称	目标	主要内容	时间	备注
讲达利 B 的故事	1. 通过讲故事引发组员思考 2. 为下次活动做准备	社工尽量在 10 分钟内讲解完达利 B 的故事，并告诉组员需要思考的问题	10 分钟	达利 B 故事的 PPT
填写测量表	进行活动评估	分发测量表，让每位组员填写	10 分钟	社工辅助讲解
布置作业	为下次活动提前做好准备	1. 课下找到自己的烦恼是什么 2. 你是怎么处理的	5 分钟	第二次活动进行课堂分享

[破冰游戏 "面对面" 的介绍]

游戏规则：将所有人排成两个同心圆，随着歌声同心圆转动，歌声一停，面对面的两人要相互自我介绍。

注意事项：

（1）排成相对的两个同心圆，边唱边转，内外圈的旋转方向相反。

（2）歌声告一段落时停上转动，面对面的人彼此握手寒暄并相互自我介绍。歌声再次响起时，游戏继续进行。

呼和浩特市睿联凯舟社会工作发展中心

"儿童生命教育——成长不烦恼" 第二单元活动计划表

活动时间	2016年4月8日 (15: 20～16: 00)	活动地点	呼和浩特市呼伦南路小学心理活动室
单元名称		欣赏自己	

活动流程

环节名称	目标	主要内容	时间	备注
回顾	1. 了解自己，分享烦恼 2. 发掘自己，提供目标	1. 社工收取量表 2. 分享上次活动作业：自己是谁，有什么烦恼	10分钟	收取量表要写名字，同时看填写是否合格
超级"比一比"优点	从游戏中让组员认识到自己的优秀品质	1. 社工讲解游戏规则 2. 社工参与其中，带领游戏进程	10分钟	社工做好组员优点记录
超级"比一比"缺点	从游戏中让组员认识到自己的缺点（感受别人夸自己和给自己挑毛病的感受）	1. 游戏规则和比优点一样 2. 社工参与游戏并积极带领组员参加	10分钟	社工做好组员缺点记录
思考	认识缺点的两面性	短处真的是短处吗，能否从你的短处中看到你的长处呢？	5分钟	社工主持、分享
布置作业	为下次活动做好准备工作	我们发现自己的优点和缺点后，怎样更好地爱自己？	5分钟	第二次活动

[超级"比一比"游戏介绍]

游戏规则：将组员排成一个大圈，社工参与游戏，第一个人开始说"我有……优点"，第二个人说"那不是你的优点",第一个人说"那什么是我的优点?"第二个人说"……是你的优点",以此类推直至全组人全部说完(社工做好记录)。

呼和浩特市睿联凯舟社会工作发展中心
"儿童生命教育——成长不烦恼"第三单元活动计划表

活动时间	2016年4月15日 (15:20~16:00)	活动地点	呼和浩特市呼伦南路小学心理活动室
单元名称	爱自己		

环节名称	目标	主要内容	时间	备注
		活动流程		
回顾	1.回顾上节内容 2.引出本单元活动主题	1.社工带领组员探索怎么爱自己 2.引导组员说出"爱自己"的方向和内容	5分钟	方向:劣转优内容,即爱他人与环境、爱生命
无差别的爱	用优势视角看待自己的缺点	社工通过甄查方式分享组员看待缺点、转变认识的想法	5分钟	四个人,每人1分钟左右
"爱"在你我中	1.发现身边的爱 2.做同学的知心伙伴	1.让组员思考爱自己能够帮助别人吗 2.引导组员认识帮助他人的快乐和意义	10分钟	引导组员社会属性,不能脱离"他人"
"珍爱生命 精彩人生"	1.让组员认识到生命来之不易,不随意伤害生命 2.畅想生命精彩时刻	1.播放小短片《生命的起源》 2.讲述妈妈对自己生命的描述 3.回忆自己过去生命的精彩	15分钟	1.短片时间5~8分钟 2.讲述4分钟 3.回忆与畅想4分钟

续表

环节名称	目标	主要内容	时间	备注
升华	深化组员对现实生命意义的认识	引导组员在现实生活中珍爱生命，并分享自己的故事	4分钟	社工主持、分享
布置作业	1. 组员学会对母亲感恩 2. 承接下次主题活动	1. 采访母亲我时最艰辛的事 2. 寻找自己生活中的勇敢事迹	1分钟	下次活动分享

注意事项：

（1）本节多为分享与交流，社工素材准备需充分。

（2）尽量减少不适合组员年龄承受的"自杀""他杀"的案例。

"儿童生命教育——睿联凯舟社会工作发展中心"第四单元活动计划表

活动时间	2016年4月22日（15：50~16：30）	活动地点	呼和浩特市呼伦南路小学心理活动室
单元名称	勇敢与信心		

活动流程

环节名称	目标	主要内容	时间	备注
回顾	1. 回顾上节内容 2. 引出本单元活动主题	1. 与组员一起回顾上节活动内容 2. 聊一聊组员本周出现的烦恼	5分钟	回顾生命意义，探索现实烦恼

续表

环节名称	目标	主要内容	时间	备注
分享会一	分享生命，学会感恩	社工与组员一起分享妈妈怀我时的艰辛时光	5分钟	四个人，每人1分钟左右
分享会二	勇敢的我，精彩人生	社工与组员一起寻找自己生活中最勇敢的时刻并分享	5分钟	选择四位组员之前不要重复
"今天我上岗"	通过实际案例的演练，培训组员认识自我，解决烦恼的能力	1. 组员分成4组，每组5人 2. 社工提出一个自己的烦恼 3. 小组协作寻找解决烦恼的方法 4. 各小组派代表上台发言	15分钟	1. 分组，黑板列出烦恼 2. 小组讨论时间为5分钟 3. 发言时间2分钟
"萝卜蹲"游戏	按组员要求选择一个游戏，同时也引发组员对活动的期待	由社工带领，以前一环节的4组为单位	5分钟	社工主持，注意时间
布置作业	1. 发放"家长信" 2. 做好下节活动的准备工作	1. 发放并说明"家长信"相关信息 2. 期待下节活动的开展	5分钟	做好说明工作

["萝卜蹲"游戏介绍]

游戏规则：将全体分成四组，每组都有带头的人，每个组员需想一个萝卜的名字，口号为："X萝卜蹲，X萝卜蹲、X萝卜蹲完、Y萝卜蹲！"

惩罚：帮助每个组员解决一个烦恼。

呼和浩特市睿联舟社会工作发展中心
"儿童生命教育——成长不烦恼"第五单元活动计划表

活动时间	2016年5月13日 (15: 40～16: 30)	活动地点	呼和浩特市呼伦南路小学心理活动室		
单元名称			完美的家		
			活动流程		
环节名称	目标		主要内容	时间	备注
回顾	回顾勇敢与信心，巩固自我解决烦恼的能力		1. 社工引导组员回顾上节内容 2. 分享本周自己解决烦恼的"个案"	5分钟	分享的"个案"有代表性
什么是家	启发组员唤醒家的意识，认识家庭的类型、作用以及完整家庭的重要性		1. 社工向组员提问家的定义 2. 社工介绍几种主要家庭类型，使组员认识自己的家庭类型	10分钟	1. 对定义做好记录 2. 提前准备相关知识 3. 记录家庭作用
家的"两面"	认识到家中既有有烦恼，家也保护我们的港湾		1. 组员谈谈自己在家中经常遇到的烦恼 2. 组员回忆成长过程中从家庭中得到的帮助	5分钟	注意引导组员运用处理烦恼
"过家家"	有缺陷的"家"会是什么样的		选择两个家庭进行表演，家的类型为完整的与有缺陷的，设定同一情景，便于对比	10分钟	借此"演"出些烦恼的缘由
完美的家	让组员认识到我们的小组也是一个大家庭		社工引导组员围成一个圈，一起学唱《让爱住我家》	7分钟	注重感情融入，让我们成为一个大家庭
布置作业	感恩父母，感怀我		母亲节刚刚过去，父亲节也要到了，组员做好感恩父母，感谢我的"完美的家"	3分钟	下次活动分享

注意事项：

（1）本单元内容较复杂，社工做好活动的秩序维持工作。

（2）社工要提前学会歌曲，每位社工要带领组员学习和合唱。

呼和浩特市睿联凯舟社会工作发展中心

"儿童生命教育——成长不烦恼"第六单元活动计划表

活动时间	2016年5月20日（15：40～16：30）	活动地点	呼和浩特市呼伦南路小学心理活动室
单元名称		告别烦恼	
		活动流程	
环节名称	目标	主要内容	时间	备注
回顾	回顾"完美的家"活动内涵	1. 社工带领组员回顾上一单元活动的内涵，并作提问 2. 社工与组员一起演唱上一单元歌曲	5分钟	
分享会	激发组员学以致用的能力，通过分享，深化小组成员之间的亲密感	社工带领组员分享本周自己在家中或者父母发生的印象深刻的事（可以是开心的方面也可以是不开心的方面）	5分钟	分享阶段注意组员情绪的把控，引导组员以乐观心态面对家庭中的烦恼
问卷填答	完成后测问卷填写	社工组织组员完成活动后测问卷的填写	10分钟	注意活动秩序的维持，做好填答问卷的说明工作

续表

环节名称	目标	主要内容	时间	备注
"心连你我"	培养组员之间的默契程度，提升组员的表述以及模仿能力	1. 将组员分成 5 组，每组 4 人 2. 每组由一名社工带领进行 3. 社工说明游戏规则与奖惩制度	15 分钟	控制活动场面，把握好游戏环节
分别时刻	告别领袖，解散小组	社工总结小组活动并宣布小组任务完成	5 分钟	做好情绪管理工作

["心连你我" 游戏介绍]

游戏规则：

（1）小组成员分成 5 组，每组 4 人，以队列形式站好。

（2）给每一组最后一名队员发出指令，向前传达，过程中不能说话，只能用动作表示。

（3）最后由第一名队员根据接收的信息，将指令令写在黑板上，用时最短的队伍获胜。

（4）获胜队伍领取奖品，并退出接下来的比赛，直至五组全部完成。

五 服务活动记录表

呼和浩特市睿联凯舟社会工作发展中心
"儿童生命教育——成长不烦恼"成长小组第一节活动记录表

活动时间	2016 年 3 月 25 日 （15：30～16：00）	活动地点	呼和浩特市 呼伦南路小学心理活动室
单元名称	认识自我		
社工姓名	傅剑超、康淑娟、李璐坤、乌日那、珠娜、杨雪慧		
参加人员	社工、心理老师李老师、20 名三年级小学生		

活动内容

1. 自我与项目介绍：社工进行自我介绍、项目活动介绍，使组员对社工和项目有初步的认识。

2. 破冰游戏：社工傅剑超组织所有人排成两个同心圆，随着歌声同心圆开始转动，歌声一停，面对面的两人要相互自我介绍。

3. 订立小组契约：社工杨雪慧先对小组契约进行解释并举例，然后让组员写小组契约。

4. 讲达利 B 的故事：由社工李璐坤讲解达利 B 的故事，并告诉组员需要思考的问题。

5. 布置作业：在组员理解小组目标的情况下，社工让组员回去思考自己在这一主题上的三个困扰及目标是什么。

互动情况分析

1. 自我介绍和破冰游戏阶段。由社工先做自我介绍，组员之间再做自我介绍，彼此之间先有初步的印象，但因为彼此来自不同的社区，所以组员还是比较拘谨、沉默的，之后在破冰游戏中，通过游戏大家对其他组员的名字、认识又更进一步的了解熟悉。经过社工的言语引导，小组的气氛活络了不少。

2. 订契约阶段。由社工引导制定契约，组员十分配合，积极举手回答，秩序井然，提出了自己认为应该遵守的小组契约。最后社工又加以补充，组员都表示赞同。

3. 布置回家作业阶段。社工详细地说明回家思考作业的内容及活动评估测量表，并提示可同家长一起完成。

小组气氛

1. 组员因为来自不同的社区，所以刚开始比较拘谨。

2. 在破冰游戏中，大家都积极参与游戏，玩得也很开心，并且彼此很快熟悉起来。

3. 在商定小组契约时，社工采取了让组员自己制定契约的形式，大家在各自写契约的时候都表现得很认真，组内气氛很活跃，写完之后让组员朗读自己所写的契约，组员们均表示赞成。

4. 在讲述达利 B 的故事时，大多数组员在认真听着，气氛融洽；也有个别组员有分神，略影响小组气氛。

成员反应

1. 在社工做自我介绍的时候，组员比较活跃，大多数有很认真地听。

2. 在破冰游戏时，组员很积极，做游戏也很愉快，不过难免有调皮的组员捣乱。

3. 在写契约的时候，组员很认真积极，但有个别不思考、不发言的组员。

4. 在听达利 B 的故事时，有个别成员略有烦躁，不认真听。

5. 在整个活动过程中，有个别组员比较腼腆，没有真正融入小组活动。

社工评估与小结

1. 这是我们第一次在小学开展生命教育的小组活动，第一节的活动目的主要就是组员之间、组员和社工之间相互认识，并且制定小组契约。

2. 在破冰游戏方面，我们只准备了一个破冰游戏，使得大家对彼此的了解更进一步，达到了很好的互动效果。在这一方面，小学生组员比较喜欢游戏形式的互动，在今后的活动中可安排各种形式的精彩的游戏环节。

3. 达利 B 的故事略有冗长，组员容易分神。

4. 组内可能有个别组员较为调皮，可利用小组契约进行约束，从而更好地组织小组活动。

对于下次活动的建议

量表难度颇高，小学生可能难以理解，需降低难度；活动时间略紧，需提高效率，以完成计划任务。

督导意见

简化量表，周密计划

签名：吕霞红　时间：2016 年 3 月 26 日

呼和浩特市睿联凯舟社会工作发展中心
"儿童生命教育——成长不烦恼"成长小组第二节活动记录表

活动时间	2016 年 4 月 8 日（15：20～16：00）	活动地点	呼和浩特市呼伦南路小学心理活动室
单元名称	欣赏自己		
社工姓名	杨雪慧、乌日娜、珠娜		
参加人员	社工、20 名三年级小学生		

活动内容

1. 回顾。社工收取量表，分享上次活动作业：自己是谁，有什么烦恼。

2. 超级"比一比"优点。社工讲解游戏规则：将组员排成一个大圈，社工参与游戏，第一个人开始说"我有……优点"，第二个人说"那不是你的优点"，第一个人说"那什么是我的优点？"第二个说"……是你的优点"，以此类推，直至全组人全部说完。社工参与其中，带领游戏进程。

3. 超级"比一比"缺点。游戏规则和比优点一样。社工参与游戏并积极带领组员参加。

续表

4. 思考。缺点真的是缺点吗，能否从你的缺点中看到你的优势呢。

5. 布置作业。我们发现自己的优点和缺点，怎样更好地爱自己。

互动情况分析

1. 回顾阶段。分享上次的活动作业，了解自己，分享自己的烦恼，并且给自己提供目标。

2. 超级"比一比"游戏阶段。首先社工给组员们讲解游戏规则，并参与其中，在游戏过程中让组员们感受别人夸自己和给自己挑毛病的感受。游戏当中组员不承认自己的缺点时，在社工的言语引导下，组员欣然接受了自己的缺点。

3. 思考和布置作业阶段。社工引导组员们不要因自己的缺点而自卑、苦恼，让组员认识到缺点的两面性，缺点有时并不是缺点，缺点中也会有优势。让组员为下次活动做好准备工作。

4. 最后让迟到的组员给大家唱了一首歌，大家给他打拍子，一起唱完了一首歌，以此来让大家认识到小组契约的重要性。

小组气氛

1. 在社工收取量表时，组员们纷纷交了自己的三个表，态度很积极。

2. 在超级"比一比"游戏中，大家都积极参与到游戏中，玩得也很开心，有组员表示，缺点有时也是优点，通过这个游戏也正确认识到自己的缺点和优点。

3. 在分享活动时，组员都积极参与，气氛十分轻松，同时也期待下一次的活动。

成员反应

1. 在组员说优点和缺点的时候，其他组员也很认真地在听。

2. 在超级"比一比"游戏时，组织互相不敢说对方的缺点。别人说自己缺点的时候会很不服气，这时其他组员会从旁边说，那并不是他的缺点，那是他的优点。

3. 在布置回家作业的时候，有些组员不是很明白，其他组员也主动为其解释。

4. 在分享的时候，组员都觉得这样的活动挺好的，希望下次能多做一些关于主题的游戏。

社工评估与小结

1. 这是第一次三位社工自己主持、做记录的一次活动。在收取量表时，因为补写名字的时候笔不够，因而出现了短暂的混乱。

2. 在游戏环节中，因为一开始没有说清楚，游戏当中正在说的那个人要说话大声，导致记录得并不是很好。

3. 因为上一次活动有一位组员请假了，导致名单上少了一位。这也给我们以后的活动提了个醒，以后应该更全方面地考察组员。

对于下次活动的建议

下次活动在时间上要把握得更好一些，尽量在设定的时间里进行计划中的活动。

督导意见

基本完成第一节小组的原定目标，但在环节设置上略显简单，建议介绍些"提高语言能力"的知识，进一步丰富内容。

　　　　　　　　　　签名：吕霄红　　　时间：2016 年 4 月 9 日

呼和浩特市睿联凯舟社会工作发展中心
"儿童生命教育——成长不烦恼"成长小组第三节活动记录表

活动时间	2016 年 4 月 15 日 （15：20~16：00）	活动地点	呼和浩特市 呼伦南路小学心理活动室
单元名称	爱自己		
社工姓名	傅剑超、康淑娟、杨雪慧、乌日那、珠娜		
参加人员	社工、20 名三年级小学生		

活动内容

1. 回顾：社工带领组员探索怎么爱自己，引导组员说出"爱自己"的方向和内容。
2. 社工通过抽查方式分享组员看待缺点，转变认识的想法。
3. 思考：爱自己能够离开别人吗？引导组员认识帮助他人的快乐和意义。
4. 播放小短片《生命的起源》。
5. 布置作业：去采访妈妈从怀孕到生下自己的历程以及最痛苦的阶段。

互动情况分析

1. 回顾阶段。分享上次的活动作业，了解自己的优点和缺点。通过与组员的交流、互动，让组员以优势视角去正视自己的缺点与不足，并摆脱因自身缺点而产生的自卑烦恼。
2. 在播放短片《生命的起源》的时候，组员们都很认真地看，而且还非常积极地向社工举手问不懂的地方。
3. 布置作业阶段。让组员去采访妈妈从怀孕到生下自己的历程以及最痛苦的阶段。

小组气氛

1. 在回顾上一节的作业时，组员们都很热情地回答。
2. 在播放小短片《生命的起源》的时候，组员们都很认真地看，而且还非常积极地向社工举手询问不懂的地方。
3. 组员表示期待下一次的活动。

成员反应

1. 用抽查方式，组员分享看待缺点的时候有点模糊，回答不上来，在社工的引导下慢慢地明白了。
2. 在播放小短片《生命的起源》时，组员们都很好奇，一边看一边讨论。
3. 在布置回家作业的时候，组员都记住了。

社工评估与小结

在做活动的时候，由于活动室的多媒体中间出了点问题，所以在时间上没能把握好。因此在播放小短片时候，时间有点来不及，所以没能及时地给每位组员解释他们问的问题。

对于下次活动的建议

下次活动在时间上要把握得更好一些，尽量在设定的时间里进行计划中的活动。

督导意见

注意时间安排，提高效率。

签名：吕霄红　　时间：2016 年 4 月 16 日

呼和浩特市睿联凯舟社会工作发展中心
"儿童生命教育——成长不烦恼"成长小组第四节活动记录表

活动时间	2016 年 5 月 6 日 （15：50～16：30）	活动地点	呼和浩特市 呼伦南路小学心理活动室
单元名称	勇敢与信心		
社工姓名	傅剑超、康淑娟、杨雪慧、珠娜		
参加人员	社工、20 名三年级小学生		

活动内容

1. 回顾。社工带领组员回忆上一节"生命起源"的内容，组员很积极地参与其中，并且组员们提出了自己这周的烦恼。

2. 分享会一。社工与组员们一起分享妈妈怀自己时的艰辛时光。

3. 分享会二。社工与组员们一起寻找自己生活中最勇敢的时刻，并且跟大家分享。

4. "今天我上岗"。组员分成 4 组每组 5 人，社工提出自己的一个烦恼，让组员们一起寻找解决烦恼的方法，然后各组派出一个代表上台发言。

5. "萝卜蹲"游戏。以上环节四组为单位，由四位社工带领，开始游戏。（游戏规则如下，每个组员想一个萝卜的名字，口号为：X 萝卜蹲、X 萝卜蹲、X 萝卜蹲完，Y 萝卜蹲！）

6. 布置作业。发放并说明"家长信"的相关信息，期待下次活动的开展。

互动情况分析

1. 回顾阶段。在社工的带领之下，组员都积极地举手发表自己的看法，有的组员提出了科学理论性的观点，也有很多组员提出了自己近期遇到的烦恼，并寻求了社工的帮助。

2. 分享会阶段。分享会第一阶段，组员们与社工分享了自己妈妈怀自己时的艰辛，纷纷说道第一个月会恶心、呕吐，还有即将生自己的时候是最痛苦的等。分享会第二阶段，组员们分享了自己的勇敢时刻，组员讲到，半夜可以一个人在家，不怕打雷等。由此我们可以看出大家在努力克服自己的缺点与不足，并且对自己是充满信心的。

3. "今天我上岗"阶段。组员分成四组，每组由一位社工带领，社工提出自己的烦恼，让组员合力找出解决方法，在这个环节中，社工有提出自己太胖、上课走神等问题，然而组员们也提出了有趣且有用的方法，说多吃蔬菜、盯着黑板看等解决方法。

4. "萝卜蹲"游戏阶段。社工应组员的要求选择了这个游戏，以此来引发组员对活动的期待，在游戏环节当中，组员们的反应很快，通过两轮游戏决出了最后的输家，并且接受了惩罚。

5. 布置作业阶段。活动最后给大家分发了"给爸爸妈妈的一封信"，布置了作业，为下次活动做准备。

小组气氛

1. 尽管时隔两周，但是组员很快跟随社工进入了状态。在回忆阶段，组员们积极地表达着自己对于上次活动看的《生命起源》视频的看法。

2. 在分享会阶段，组员在讲述妈妈怀自己时的艰辛的时候，可以看出其对于妈妈的感恩，对于自己诞生到这世界倍感幸运。之后分享了自己勇敢的时刻，当组员讲完自己最勇敢的时刻的时候，可以看出他们克服了这些缺点与不足时候的小骄傲。

3. 在"今天我上岗"阶段，组员为社工想到了有趣且实用的方法，组员们都很积极地参加到其中。

4. 在游戏阶段，组员们的反应很快，都很积极地参加，玩得也很开心。

成员反应

1. 当问到上次活动时，组员都很积极地举手表达自己的看法，并且为表现优秀的组员鼓掌。

2. 在分享会阶段，当听到别人勇敢的时候，组员会给予掌声，这对于羞怯的组员给予了鼓励。

3. 在为社工找解决方法的时候，组员都很积极地上台发言，对于忘记说的解决方法作了补充说明。

4. 在游戏阶段，组员们希望以后可以多设计些像这样的游戏环节。

社工评估与小结

1. 因为组员与社工之间熟络起来了，所以有些组员开始调皮，以致活动秩序有点乱。

2. 社工应把时间把握得更好一些。

3. 社工对于羞怯的组员应让他们多发言，使他们更积极地参与其中。

对于下次活动的建议

下次活动在时间上要把握得更好一些，尽量在设定的时间里进行计划中的活动。

督导意见

提前进行演练，考虑计划外因素。

签名：吕霄红　　时间：2016 年 5 月 7 日

呼和浩特市睿联凯舟社会工作发展中心
"儿童生命教育——成长不烦恼"成长小组第五节活动记录表

活动时间	2016 年 5 月 13 日 (15：40 ~ 16：30)	活动地点	呼和浩特市 呼伦南路小学心理活动室
单元名称	完美的家		
社工姓名	傅剑超、康淑娟、杨雪慧、乌日那		
参加人员	社工、20 名三年级小学生		

活动内容

1. 社工引导组员回顾上节内容，分享本周自己解决烦恼的"个案"。

2. 社工向组员提问"家"的定义，介绍几种主要家庭类型，让组员认识到自己的家庭类型。

3. 社工让组员谈谈自己在家中经常遇到的烦恼，回忆成长中从家庭得到的帮助。

4. 选择两个家庭进行表演，家的类型为完整的与有缺陷的，设定同一情景，便于对比。

5. 社工引导组员，一起学唱《让爱住我家》。

互动情况分析

1. 回顾阶段。社工与组员一起回顾上一单元的活动内容，并与组员一起分享本周出现在自己身边的烦恼及自己的应对方法。

2. 社工与组员一起认识和探索"家"的相关内容。

3. 大家一起学习了家的主要类型（核心家庭、主干家庭、联合家庭、重组家庭、单亲家庭、丁克家庭）及其特征，学习如何画家庭结构图。

4. 社工带领组员来到实训环节，并在本环节选取组员来表演一个情景剧。

5. 社工与组员一起学习了《让爱住我家》这首温暖的歌曲，组员与社工分成三组，分别演唱宝宝、妈妈、爸爸的部分。

小组气氛

1. 在分享中，每个组员畅所欲言，谈了自己解决问题之后获得的喜悦。

2. 当讨论到家是什么的时候，组员对家的概念大多是用"幸福、温暖、港湾、完整"来形容，也有的组员觉得家有时候是"风暴"。

3. 组员们虽然年龄小，但是学习与接受新知识的能力非常强，几乎每个组员都能将家庭结构图正确和完整地画出来。

4. 在情景表演结束后，组员们纷纷发言，对自己的感受做出一个表述，多数组员认为一个"完美的家"是一个人健康成长必不可少的，我们应该珍惜自己的家庭，做一个懂事、孝顺的好孩子。

5. 一起学歌曲的时候组员们很开心，也很活跃。

成员反应

1. 在分享中，每个组员都很活跃，也谈了自己解决问题之后获得的喜悦。

2. 当讨论到家是什么的时候，组员们联想起自己的家，并很快回答出来。

3. 组员们一起学习了家的主要类型及其特征和如何画家庭结构图，组员们的学习与接受新知识的能力非常强。

4. 到了实训环节时，组员们都很积极地参与到情境中。

5. 最后学《让爱住我家》这首歌曲的时候，组员们都很认真地唱。

对于下次活动的建议

下次活动在时间上把握得更好一些，尽量在设定的时间里进行计划中的活动。

督导意见

注意小组氛围和组员参与度问题。

签名：吕霄红　　时间：2016 年 5 月 14 日

呼和浩特市睿联凯舟社会工作发展中心
"儿童生命教育——成长不烦恼"成长小组第六节活动记录表

活动时间	2016 年 5 月 20 日 （15：40～16：30）	活动地点	呼和浩特市 呼伦南路小学心理活动室
单元名称	告别烦恼		
社工姓名	傅剑超、康淑娟、杨雪慧、乌日那		
参加人员	社工、20 名三年级小学生		

活动内容

1. 社工引导组员回顾上节内容，分享本周自己解决烦恼的"个案"。并与组员一起演唱上一单元的歌曲。

2. 社工带领组员分享本周自己在家中或者与父母发生印象深刻的事积极引导组员学以致用，通过分享深化小组成员之间的亲密感。

3. 填答后测问卷环节。

4. 社工与组员一起进行了告别游戏。

5. 进行小组结束环节，并对小组成员的未来处理烦恼进行集体规划。

互动情况分析

1. 回顾阶段。社工和组员一起回顾上单元活动内容，并与组员一起分享本周出现在自己身边的烦恼及自己的应对方法。对此，组员积极回应，共同分享自己的一周经历。

2. 填答问卷环节。社工与组员认真阅读问卷内容，根据自身情况仔细填写问卷，并不时地与社工互动，就问卷中不懂的内容进行咨询。

3. "心连你我"环节。社工与组员一起加入游戏，为了小组荣誉与组员积极互动，努力完成游戏任务，大家非常认真。

4. 在最后告别时刻，社工与组员共同回顾所有环节，一起结束项目活动。

小组气氛

1. 在分享中，每个组员畅所欲言，谈了自己解决问题之后获得的喜悦。

2. 在小组游戏过程中，小组气氛热烈。

3. 组员们在分别时，表现了依依不舍的情绪，小组气氛有些凝重。

成员反应

1. 在分享中，每个组员都很活跃，也谈了自己解决问题之后获得的喜悦。

2. 在问卷填写过程中，组员们积极填答，不懂就问。

3. 组员们在游戏环节认真配合，努力完成相关任务。

4. 在分别的时候，小组成员每个人表现得很伤感，还希望继续参加活动。

对于下次活动的建议

下次活动在时间上要把握得更好一些，尽量在设定的时间里进行计划中的活动。

督导意见

提前考虑到离别时情绪。

签名：吕霄红　　时间：2016 年 5 月 21 日

六　服务活动新闻稿

"儿童生命教育——成长不烦恼"第一次活动通讯稿

2016年3月25日下午，内蒙古大学社会工作专业硕士研究生傅剑超、康淑娟和本科生李璐坤、乌日那、珠娜、杨雪慧来到呼和浩特市呼伦南路小学心理活动室，开展"儿童生命教育——成长不烦恼"的第一次活动。"儿童生命教育"系列之"成长不烦恼"项目服务是由呼和浩特市赛罕区民政局主办，由呼和浩特市睿联凯舟社会工作发展中心承办，由内蒙古大学民族学与社会学学院讲师吕霄红作为项目主管，由内蒙古大学社会工作专业硕士研究生傅剑超作为项目社工开展的。

图1　社工在自我介绍

在2016年3月25日进行的第一次活动中，项目社工提早来到呼伦南路小学心理活动室，布置活动场地，并同呼伦南路小学的心理老师李老师接洽。紧接着20名小学三年级的同学来到活动室，小组初步成立。可爱活泼的孩子们的到来为活动室增添了许多生机，活动氛围极为活跃。接下来，活动开始按计划进行。在社工傅剑超的主持下，六位社工分别介绍了自己，并分别有了只属于这些儿童的称呼——"大白兔姐姐""小鹿姐姐"……

（见图 1）本次活动的内容主要是"破冰"，因而社工通过组织小组成员进行互动游戏，促进小组成员与社工以及与彼此间的相互认识和了解。孩子们极喜欢这种游戏式的互动方式，在游戏中很开心、很快乐（见图 2）。

图 2　社工与组员准备破冰游戏

游戏后，在社工的引导下，小组成员共同制定了小组契约，使小组建立初步凝聚力，同时提高组员的参与性，使他们明白小组契约的意义。在制定小组契约时，组员们热情高涨，纷纷举手提出自己的想法，积极为自己的小组建立"组约"。社工李璐坤讲述了达利 B 的故事，这个关于"认识自我"的故事，孩子们听得津津有味（见图 3）。

图 3　组员听社工讲达利 B 的故事

最后，社工为小组成员分发了活动评估测量表，并布置了"课下找到自己的烦恼是什么及你是怎么处理"的任务。活动结束后，孩子们仍依依不舍，不想结束这次有趣生动的活动。社工希望这些可爱的孩子们能从这个活动中认识自我，真心喜欢这次的活动。

撰稿人：杨雪慧

时间：2016 年 3 月 25 日

"儿童生命教育——成长不烦恼" 第二次活动通讯稿

2016 年 4 月 8 日下午，"儿童生命教育" 系列之 "成长不烦恼" 项目服务第二次活动如约开展，本次活动由内蒙古大学社会工作专业的杨雪慧、乌日娜、朱娜三人组织，并于呼和浩特市呼伦南路小学心理活动室完成了这第二次活动。

图 1　组员们在准备 "超级比一比" 游戏

在第一次活动成功开展后，小组成员与社工明显熟络了起来，因此在第二次活动一开始，组员们就将上次活动分发的表格交于社工，组员们态度非常积极，并且都完成了上次活动中布置的思考问题和作业，这使这次活动在开始就气氛和谐热烈。之后的游戏 "超级比一比"，大家都积极参与其中，玩得也很开心，并且有小组员认识到有的组员的缺点有时也是优点（见图 1）。可见，通过这个游戏，组员们能够正确认识到自己的缺点和优点。

经过游戏之后，社工引导组员们不要因自己的缺点而自卑、苦恼，让他们认识到缺点的两面性，缺点有时并不是缺点，缺点中也会有优势，积极引导组员用优势的视角去把握自己的劣势，正视自己，减少苦恼，以一种健康向上的态度去关注自我成长。这个游戏富有深意，也引起了组员们更多有关生命意义的讨论。之后，迟到的小组员在社工和组员们的注视和鼓励下唱了一首歌曲，这让小组成员明白了小组契约的意义及重要性。在活动的最后，社工为小组成员分发了活动评估测量表，并布置了"我们发现自己的优点和缺点，怎样更好地爱自己？"的任务（见图2）。通过两次活动，社工不仅与组员建立了专业的服务关系，并且也在与组员共同成长着。在一片欢声笑语中结束了本次活动的社工和小组员，一同期待着下一次活动的到来。

图2　社工为小组成员分发活动评估测量表

撰稿人：李璐坤

时间：2016 年 4 月 9 日

"儿童生命教育——成长不烦恼"第三次活动通讯稿

　　2016 年 4 月 15 日下午，内蒙古大学社会工作专业硕士研究生傅剑超、康淑娟与本科生乌日那、珠娜、杨雪慧在呼和浩特市呼伦南路小学心理活动室开展了"儿童生命教育——成长不烦恼"的第三次活动（见图1）。

图1　社工在为组员介绍本次活动

本次活动主题为"爱自己"，以使组员认识到爱自己与爱他人、爱周围的环境以及珍爱生命为目标，共设计了四个环节。首先，社工带领组员回顾上一单元内容，与大家共同探讨"爱自己"的方向和内容，通过与组员的交流、互动，让组员以优势视角去正视自己的缺点与不足，并摆脱因自身缺点而产生的自卑烦恼。接下来，社工与组员一起分享"爱自己"和"自私"的区别，用生活中的例子证明"爱自己"不是"自私"，我们离不开他人的帮助和关怀。同时"爱自己"更需要"爱他人""爱环境"，只有在与他人和环境的和谐相处中，才能真正收获生命的意义。紧接着，社工与组员一起进入"珍爱生命，精彩人生"的环节，通过播放短片《生命的起源》，让组员直观感受到生命的形成过程，使组员认识到生命形成的艰难，体会到其作为一个健康、正常的人的"幸运"（见图2）。社工进一步引导组员回忆自己生命历程中的最美时刻，畅想未来生命的精彩。最后，社工给组员们布置了一个小作业，即去采访妈妈从怀孕到生下自己的历程以及最痛苦的阶段。

本单元的活动虽然以知识教育与分享互动的形式为主，但是从活动的过程和目标达成情况来看，组员的参与积极性非常高，

图2　社工与小组组员一起观看《生命的起源》

目标达成状况非常好，组员与社工之间的交流也很频繁，小组成员归属感特别的强烈，在这样的氛围中，社工不仅让组员学习和运用了活动中包含的知识和技巧，同时也让组员在这个成长小组中懂得互爱互助，懂得和谐相处。

撰稿人：傅剑超

时间：2016 年 4 月 15 日

"儿童生命教育——成长不烦恼"第四次活动通讯稿

2016 年 5 月 6 日下午，内蒙古大学社会工作专业硕士研究生傅剑超、康淑娟和本科生珠娜、杨雪慧来到呼和浩特市呼伦南路小学心理活动室开展"儿童生命教育——成长不烦恼"第四次活动。本次活动主题为"勇敢与信心"，活动的主要目的是通过课堂训练来增强小组成员解决自己实际问题的能力，提升组员面对未来困境的勇气与信心（见图1）。

时隔两周，当社工再一次走进活动室的时候，社工与小组成员很快进入状态，并开展各环节活动。首先，由康淑娟主持本节活动，与小组成员一起回顾上一单元的活动内容，谈谈自己目前出现的问题。本环节小组成员积极回忆上单元的"生命起源"内

图1 社工在为组员介绍本次活动

容，组员林子翔更是查阅了很多资料，听着他流畅且科学的回答，社工与其他组员真诚地为他鼓掌。很多组员也主动谈了自己最近遇到的各种烦恼和问题，积极与社工互动，并寻求帮助，小组成员间的信任程度越来越强，整个小组已经得到升华。紧接着，进入下一分享环节。在第一阶段，社工与组员一起分享妈妈怀自己的艰辛时光。在这个分享阶段，组员们纷纷讲述采访母亲怀自己时的情况，比如最初三个月会恶心、呕吐，之后自己在妈妈肚子里动，最痛苦的是生自己的时候，等等。从讲述中，社工能够看到组员们对自己诞生感到幸运，对生命的珍惜以及对妈妈的那种感恩。在第二阶段，组员分享了自己的勇敢时刻。在组员的讲述中，每个人对勇敢的认识虽然不一样，但是有一个共同点就是在克服自己的缺点与不足的时候，自己是充满勇气与信心的（见图2）。

图2 小组组员们在积极讨论

沉浸在自我的勇气与信心中的社工与组员开始进入"今天我上岗"环节，本环节将组员分成四组，每组由一名社工带领，社工提出一个自己生活中的烦恼，组员作为"专家组"来讨论解决烦恼的方法，最后每组派一名代表讲述解决办法。在这个环节中，每一组成员都能积极发表自己的看法，同时也坦然接受其他组员的建议，最后达成一致，并给社工的烦恼想到了非常有趣并且实用的解决办法。如社工的问题是上课总走神怎么办，小组想到的解决办法是出去旅游、找目标激励自己、盯着黑板看……尽管有些方法看似很幼稚，但是通过这样的一种训练，能够发现组员们可以克服烦恼，能够从不同的角度去解决它，而不是一筹莫展地逃避它。这也正是我们开展本次小组活动的初衷（见图3）。

图3　小组成员在"今天我上岗"环节表现活跃

最后，社工与组员一起玩了"萝卜蹲"的游戏，组员们的反应能力很棒，输的往往是社工，他们通过两轮游戏决出了最终输家，并接受了大家的游戏"惩罚"。游戏之后社工给每一位组员分发了"给爸爸妈妈的一封信"，布置了作业，为我们下一期"完美的家"主题活动做好铺垫工作。

撰稿人：傅剑超

时间：2016 年 5 月 6 日

"儿童生命教育——成长不烦恼"第五次活动通讯稿

2016年5月13日下午,内蒙古大学社会工作专业硕士研究生傅剑超、康淑娟和本科生杨雪慧、乌日娜来到呼和浩特市呼伦南路小学心理活动室开展儿童生命教育之"成长不烦恼"第五次活动。本次活动主题为"完美的家",旨在通过各环节的活动设置,让组员认识到家的意义,能够利用"家"帮助自我发展,解决成长烦恼。

满怀着期待,社工与组员一起开始了"完美的家"主题活动。首先,社工带领组员一起回顾上单元活动内容,并与组员一起分享本周出现在自己身边的烦恼及自己的应对方法。在分享中,每个组员畅所欲言,谈了自己解决问题之后获得的喜悦。组员贾培文说:"周末空余时间爸爸妈妈不让我玩电脑和手机,我感觉很无聊也很烦恼。"他采取的应对方法是,"想明白了不让自己玩的原因,并与爸爸妈妈约法三章,定时定点地玩,爸爸妈妈接受我的意见"。在火热的分享会中,社工看到了组员们的点滴成长(见图1)。

图1 组员积极分享自己的烦恼和应对方法

接下来,社工与组员一起认识和探索"家"的相关内容。当讨论到家是什么的时候,组员对家的概念大多是用"幸福、温暖、港湾、完整"来形容,也有的组员觉得家有时候是"风暴",比如自己没考好、犯错误或者爸爸妈妈吵架的情况。通过这样的讨论,让组员看到了家的两面性,尽管家是我们心灵的港湾,是我们受伤的治疗所,但有时候家也会给我们带来伤害,我们作为家的一分子,应该学会把自己当作主人去爱护家,应该学会营造家的和谐氛围,避免"家"对我们造成伤害。紧接着,大家一起学习了家的主要类型(核心家庭、主干家庭、联合家庭、重组家庭、单亲家庭、丁克家庭)及其特征,学习如何画家庭结构图。社工与组员一起分析了自己的家庭类型,并画出了自己家庭三代的结构图,组员们虽然年龄小,但是学习与接受新知识的能力非常的强,几乎每个组员都能正确和完整地画出来,大家觉得这很有意思(见图2)。

学习了新知识后,社工带领组员来到了实训环节,本环节社工会选取组员来表演一个情景剧。在同一情景下:孩子考试没考好,老师通知家长后,孩子回到家的情景。选择五名组员饰演两个类型家庭(核心家庭、单亲家庭),通过在同样情景下的两个家庭父母反应对比,让组员了解到"家"对我们的成长的重要作用,以及不同的家庭类型对我们的影响。在情景表演结束后,组

图2 组员们在准备情景剧

员们纷纷发言，对自己的感受做出一个表述，多数组员认为一个"完美的家"是我们健康成长必不可少的，我们应该珍惜自己的家庭，做一个懂事、孝顺的好孩子（见图2）。

最后，社工与组员一起学习了《让爱住我家》这首温暖的歌曲，组员与社工分成三组，分别演唱孩子、妈妈、爸爸三个部分的歌曲内容，在悠扬且富有感动的合唱中，社工与组员结束了本单元主题活动。

撰稿人：傅剑超

时间：2016 年 5 月 13 日

"儿童生命教育——成长不烦恼" 第六次活动通讯稿

2016 年 5 月 20 日下午，内蒙古大学社会工作专业硕士研究生傅剑超、康淑娟和本科生乌日娜、杨雪慧来到呼和浩特市呼伦南路小学心理活动室开展"儿童生命教育——成长不烦恼"的第六次活动。同时现场也迎来了内蒙古师范大学的付阳等三位研究生以及社工发展中心相关负责人孟占连进行活动观摩（见图1）。

图1 组员们在认真听社工讲话

本次活动主题为"告别烦恼"，同时也是小组活动结束告别会。在新的面孔加入活动后，组员们表现得非常优秀。与以前每个单元活动一样，首先，由社工带领组员一起回顾第五单元活动内容，大家一起回忆家的内涵与意义，感悟家的温暖。然后，现场一起唱起了《让爱住我家》的歌曲，尽管本次演唱没有发放歌词，但是组员们都能流利地唱出来，这说明组员在互动后还是做了很多努力工作的（见图2）。

图2　小组成员在合唱《让爱住我家》

接着，我们进入分享会环节，本节活动主要分享组员本周在家中发生的最难忘的事情，很多组员积极分享，有的是烦恼如"妈妈打了我屁股"，有的是温暖，如"一家人去看了电影"。在不断地分享中，大家认真对待每一个组员的体会，使小组成为一个互相包容与信任的大家庭。

在分享会过后，社工与组员进行了测量量表的填答阶段，本环节社工就问卷填写向组员进行详细说明，组员认真按照自己实际情况进行填写，有不懂的地方主动向社工咨询。填答问卷结束后，社工带领组员进入了告别游戏环节。在本环节中，活动组准备了丰富的食品作为游戏奖励，组员们热情高涨地参与游戏互动，充分发挥自我的想象力与创造力来完成每一个任务指令。游戏结束后，大家一起分发食品，这个大家庭在欢声笑语中来到了解散的环节（见图3）。

图 3 小组成员填写测量量表

最后，社工宣告本次小组活动结束，尽管组员与社工有诸多的不舍，但是大家都很理智地面对，这也正是本次活动的目标，组员们承诺今后会以乐观的态度对待烦恼，茁壮成长，健康快乐……

撰稿人：傅剑超

时间：2016 年 5 月 21 日

七 社区服务实验项目评估报告

1. 服务计划实施过程

本次项目活动从三方面开展工作：一是以社区为主要宣传阵地，通过海报、传单、信件以及入户推广的方式，在社区营造关爱儿童健康成长的生活环境；二是以学校为主要培训场地，在学校开展知识教育、技能培训活动，提升儿童认识、处理烦恼的能力，为其健康成长增加砝码；三是以家庭为主要实践地点，将小组课堂的知识运用到家庭中，学会感恩父母、感谢生命，学会处理家庭矛盾与烦恼。本项目努力构建一个以社区为依托、以学校为纽带、以家庭为基础的"三位一体"教育网络，为社区儿童和青少年的生命成长提供完善的保障和支持。

此次活动共计六个单元，每周进行一次，历时近两个月。社工将这六个单元分为三个阶段。

第一阶段（第一单元）为准备期，主要任务是对潜在组员进行预估并建立专业关系，以及进行社区的宣传工作。为此，社会工作者查阅了 20 名服务对象的基本信息，向其班主任老师询问了一些具体情况，走访了其所在的社区，对他们的基本生活、学习状态有了一个初步了解。在此阶段中，社工利用一些小组间的讨论、破冰游戏等环节阐述了本小组的意义和目的，并听取了组员的意见，为开展下一阶段的活动获取了相关情报。

在第二阶段（第二、三、四、五单元），经过第一阶段的熟悉、了解后，社工对于组员现状及需求已基本把握。所以本阶段的主要任务就是让组员们通过小组的知识传授、强化训练、情景模拟等，了解生命教育，正视自我，直面烦恼，学会感恩，增强处理烦恼、控制情绪的能力，并通过布置作业的形式，要求组员回到家中增加与父母的互动，将小组中学到的知识与技能运用到实际生活中。

在第三阶段（第六单元），小组活动进入后期。社工主要让组员回顾过往活动，并畅谈想法、分享感受，巩固和强化小组的成效。在告别环节，社工通过小组讨论确定其今后的一个发展方向，即充实服务对象的学习和生活，引导他们保持积极的心态，为今后的成长烦恼与生命历程做好各方面的准备。

2. 小组过程评估

社工分别对第一次小组和最后一次小组进行团体满意度自我评估表的前测和后测。其中，1~9 题是量化分题（评分标准是极不符合为 1 分，极符合为 10 分），第 10 题为开放题。

（1）团体满意度自我评估表前测（平均得分）

团体满意度自我评估表前测的具体情况如表4-3所示。

表4-3　团体满意度自我评估表前测

单位：分

编号	题目	评分
1	我能在小组活动中向别人表达我的看法	6.90
2	我喜欢这次团体活动	9.15
3	我觉得在这次团体活动中提高了自身认识烦恼的能力	8.65
4	我能理解父母和老师对我的关心	8.90
5	参加团体使我对自己处理烦恼很有信心	8.20
6	在这次小组中我乐于和其他人分享我的经验	6.95
7	我觉得这次小组经验很有意义	9.00
8	我觉得在小组活动中大家互相信任和坦诚	8.60
9	我喜欢开展这次小组活动的社工的带领方式	8.65

开放式问题如下。

10. 我认为下次可以改进的地方

（1）多做一些游戏活动

（2）勇敢表达自己

（3）多和别人一起分享

（4）认识自己的烦恼

分析：在这个量表中有两项关于表达能力的题目，这两项题目的分数是最低的。组员之间的互相信任、在小组中表达自己的看法和在小组中乐于与其他组员分享经验这三项是有关联的，以至于这三项题目的分数都是较低的。因为这是第一次小组活动，组员之间很拘谨，并且在活动环节没有关于主题的内容，所以组员在开放式问题中提到多一些关于提高与他人分享以及表达自我能力的问题。

（2）团体满意度自我评估表后测（平均得分）

团体满意度自我评估表后测的具体情况如表4-4所示。

表4-4 团体满意度自我评估表后测

单位：分

编号	题目	评分
1	我能在小组活动中向别人表达我的看法	7.00
2	我喜欢这次团体活动	9.15
3	我觉得在这次团体活动中提高了自身认识烦恼的能力	8.75
4	我能理解父母和老师对我的关心	9.15
5	参加团体使我对自己处理烦恼很有信心	8.90
6	在这次小组中我乐于和其他人分享我的经验	7.55
7	我觉得这次小组经验很有意义	9.35
8	我觉得在小组活动中大家互相信任和坦诚	8.95
9	我喜欢开展这次小组活动的社工的带领方式	8.75

开放式问题如下。

10. 我认为下次可以改进的地方

（1）下次组员能够多一点

（2）能够把活动照片发给我们

（3）还要提高自己的表达能力

（4）小组员之间的交流

（5）与别人分享

分析：首先，在所有问题中，觉得这次小组经验很有意义的分数最高，这说明社工在引导组员和设计环节方面对组员的帮助是很大的。其次，组员喜欢参加这次小组活动并对父母和老师的关心很理解，这说明本次小组活动是可以给他们带来收获的。

（3）团体满意度量表前后测对比情况

团体满意度量表的前后对比情况如图4-1所示。

分析：从图4-1可以看出，每一项题目的后测至少比前测

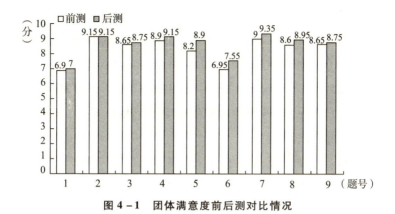

图 4 – 1 团体满意度前后测对比情况

有一定程度的提升，其中最明显的就是第五题"参加团体使我对自己处理烦恼很有信心"和第六题"在这次小组中我乐于和其他人分享我的经验"，这说明在一开始，组员认识和处理烦恼的能力还有一定的欠缺，但是从小组活动中学到了一些能处理自己烦恼的技能，从而有了很大的提升。同时，在小组活动中，社工着重强调和带动组员分享与训练，使得组员不断地将自己的经验与烦恼和大家一起分享，通过这样的对话交流，再结合整个对比效果可以看出，组员对小组活动内容的熟悉度、组员之间的信任度都有所提高。

3. 成效评估

小组运用了处理烦恼能力量表和目标达成评级量表作为成效评估标准，其中，处理烦恼能力量表分别进行了前测、中测和后测。

（1）语言能力量表前测统计结果

2 人为 18 分，1 人为 17 分，2 人为 15 分，3 人为 14 分，2 人为 13 分，2 人为 12 分，3 人为 11 分，1 人为 9 分，3 人为 8 分，1 人为 3 分。

分析：根据量表评定方法，组员中处于 15 分以上的为 3 人，11～15 分的为 12 人，11 分以下的为 5 人。这说明小组活动之前的组员处理能力多处于中等水平，能力较高的很少，仅占总体的15%，分数在11分以下的占20%，整体呈现为橄榄型。

（2）语言能力量表中测统计结果

1人为19分，1人为18分，1人为17分，1人为16分，4人为15分，5人为14分，3人为13分，1人为12分，1人为10分，2人为9分。

分析：组员中处于15分以上的为4人，且出现了19分的高分。处于11~15分阶段的为13人，11分以下的仅为3人。从这个数据可以看出，最高分和最低分分值提高，组员整体的处理烦恼能力有了很大的提高，尤其是占比最多的中间层次也出现了很大的提高。

（3）语言能力量表后测统计结果

1人为19分，1人为18分，4人为17分，4人为16分，3人为15分，1人为14分，1人为13分，1人为12分，1人为10分，2人为9分，1人为6分。

分析：在后测数据中，15分以上人数达10人，11~15分为6人，11分以下为4人。通过数据可以看出，小组活动结束后，一半的组员能力达到高等预测水平，30%的组员处于中等水平，仅有20%的组员处于低水平的处理烦恼能力。

（4）语言能力量表对比效果

语言能力量表对比效果如图4-2所示。

分析：在前测和后测对比中可以看到，组员的处理能力都有显著提升，除了2号、3号、13号、16号这四个组员没有变之外，每个人的分数都是呈现上升趋势。从图4-2可以看出，4号、9号、17号组员处理烦恼能力一直处于较低的水平，其他组员整体状况较好。通过三次测量对比，4号、17号、18号、19号、20号组员出现反复情况，处理烦恼能力呈现下滑趋势，经过了解，这几位组员为同一班级的同学，具体影响因素并没有查

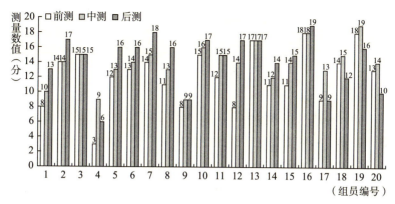

图 4 - 2　处理烦恼能力量表对比效果

到，不过其他组员通过小组的活动在能力提升上都有了很大的加强，社工所设计的环节以及内容对组员起到了一定的作用。

（5）目标达成评级量表

统计结果：

　　12人写到作业太多，我可以及时完成，对此的事后评估为（+4）；

　　4人写到妈妈经常唠叨我，我可以理解他对此的事后评估皆为（+2）；

　　6人写到正确对待自己的烦恼，使自己更开朗，对此的事后评估为（+3）；

　　7人写到和同学友好相处，对此的事后评估为（+1）；

　　11人写到克服考试时候的紧张，对此的事后评估为（+2）；

　　1人写到反省自己，找到解决烦恼的方法，对此的事后评估为（+1）；

　　3人写到妈妈不给我买玩具，我表示理解，对此的事后评估为（+2）；

　　1人写到希望知道要怎么跟陌生人说话，对此的事后评估为（+2）；

2 人写到希望开动脑子，反应快一点，对此的事后评估
皆为（ +1）；

1 人写让他人知道我们的想法，对此的事后评估为（ +2）。

分析：从统计结果来看，大部分组员的目标达成效果都比预
期好得多。特别是在人际交往、发现烦恼方面，因为后期的小组
活动是以模拟训练处理学习、生活中的烦恼为主要环节，包括如
何更好地倾听他人和如何与陌生人交往，所以在这一点上，组员
都有很大的收获，都能与他人有很好的沟通，特别是知道怎样与
家人很好地互动，以及理解与感恩父母。同样，也有两个组员对
自己目标评级评价很低，这说明我们设计的环节知识对于个别组
员没有起到作用，也提醒社工以后在寻找资料时，应该考虑到每
一位组员的需求，应该在小组活动中充分挖掘个案服务对象，有
针对性地对特殊组员进行帮助。

4. 社会工作者的专业反思

本次小组活动运用了大量补充材料、互动体验、情景模拟的
方式，即"讲授—练习—尝试"的模式，让组员能够在工作人员
的带领下逐步提升处理烦恼的能力。从评估的前后测对比情况来
看，本次小组活动的成效是显而易见的。

从此次小组活动的开展来看，在一些小组游戏环节，有时社
工没有准备充分或是没有考虑到游戏实际效果，使得气氛有所冷
淡；在小组准备材料的过程中，有时没有考虑到组员的实际情
况，例如材料字太小、材料份数不够，造成组员的参与度降低。
因此，我们认识到，要做好一个社工小组，以下几个方面尤为重
要。一是在设计小组活动环节，不是表面地设计出来就可以，而
是要考虑实际效果，包括其他环节，尽可能地自己模拟一遍流
程，包括所有的细节部分，这样就可以在小组正式开始之前及时
发现问题，及时改正。二是在社工带领技巧方面，应该及时注意

到是否有组员落单的情况存在，或是组员没有及时参与到小组中，此时社工应该在旁引导，询问组员是否有什么不明白的地方，并及时解释澄清。

从小组整体的评估看来，组员参与小组的程度随着小组的进程在慢慢提高，组员彼此之间的信任度也越来越高，组员不再像小组初期那样不敢开口，与社工之间的互动也越来越好。但是，在一些细节部分还是没有考虑周全，在之后的小组中有点评其他组员的环节，然而在订小组契约时社工和组员没有将"在点评他人时，不得以批判的态度"列入其中。这一点是很重要的，有时组员点评得太过直观，会伤害其他组员，所以在发现这个问题后，社工对契约再次补充，这样组员也能更客观地点评。

此次小组活动的成功开展无疑用实践证明了儿童教育领域社会工作的实用性。以往形式单一、内容枯燥的传授模式得到了扩充和更新。虽说以目前的状况，要面向全市的小学生进行专业社工活动还有很大的困难和阻碍，但社会工作的介入必将成为儿童健康成长以及能力培养的一个方向，它与传统教育模式的关系应该是相辅相成的。同时，社会工作者也要清晰地认识到专业的局限性，尤其是在专业社工服务方向领域，需要社工有极强的专业知识和教育学知识，这就需要社工在平时的工作中多问、多学、多实践，坚持探索社会工作的本土化、专业化以及与其他学科相融合的新路子，这是我们社会工作者义不容辞的职责。

5. 结语

本次社区服务实验项目的开展是对社区资源需求评估项目的一次有效补充，可以验证实践与调研相结合的评估方法，同时也是对未来社区服务的一次积极探索，为社会工作机构社区服务项目的流程与范式提供参考模板。从本次服务项目的预估到最后的服务成效评估，项目组严格按照专业步骤与方法开展各环节服务，项目服务组不断将服务素材整理出来交由调研组进行分析，并根据社区需求评估初期结果开展相关针对性服务。同时，调研组对整个大学西路街道全部社区展开系统的、主客观的社区资源需求调查，以本服务项目为实验点，从服务探需求，从需求做服务，最终达到需求服务统一的效果。本次社区服务实验项目的开展对中心社区资源需求评估的作用很大，既是探索性服务，又是应用性服务。

附录 1

社区资源评估之调查员测评打分表

调查员		督导		日期		收表人	
客观指标总得分：				主观指标总得分：			

一　客观指标

测评项目	指标名称	测评内容及标准	评分标准	得分
I 社区公共设施配套（100 分）	社区居委会办公场地（15 分）	面积达标情况（8 分）	（1）80 平方米或以上即"优秀"，8 分 （2）其他情况请按主观感受评为"良好"，5~6 分；"中等"，3~4 分；"较差"，1~2 分	
		标识清晰，方便群众办事（7 分）	（1）设在居委会邻近外部和楼内首层，标识清晰，7 分 （2）其他情况酌情自评	
	社区警务室（10 分）	按要求设置社区警务室（10 分）	（1）有社区警务室，且有统一标识、辖区示意、社区民警值班制度、工作职责、意见箱，5 分 （2）警务服务达到以下程度，5 分。社会治安综合治理领导责任落实率、群防群治队伍落实率均为 100%；入室偷窃、抢劫案件发生率为零；派驻警务人员每周接待居民时间不少于半天；社区安全教育（如防盗等提示）开展情况	

测评项目	指标名称	测评内容及标准	评分标准	得分
I 社区 公共 设施 配套 (100分)	体育路径 或户外 健身设施 (10分)	有不少于500平方米的全民户外健身活动点(5分)	(1) 500平方米或以上即"优秀",5分 (2) 其他情况按主观感受评为"良好",3分;"较差",1分	
		配有10件以上各类健身、运动器材(5分)	(1) 有1条或以上全民健身路径(含慢跑道),1分 (2) 有大众健身活动器材,1分 (3) 有室外乒乓球台、羽毛球场、小篮板、篮、排球及小型球类场地、游泳池、室外器械场地等之一,0.5分。本项满分3分 (4) 不具备者酌情减分	
	社区 小公园 或小广场 (5分)	有供居民群众活动的小公园或小广场(3分)	(1) 有1个或以上,400平方米或以上(可相加),优秀,3分 (2) 其他情况按主观感受评为"良好",2分;"较差",1分	
		设施完好,环境整洁,管理良好(2分)	绿化养护及时,植物生长正常,设施完好,环境整洁,卫生良好,为2分;不具备者自酌减分	
	社区便民 利民公共 服务设施 (10分)	社区"15分钟生活圈"内有肉菜市场、便利店、医疗机构、学校、银行、公交或地铁站点等(10分)	(1) "15分钟生活圈",在社区附近有肉菜市场、便利店、平价商店、学校、幼儿园、银行、药店等,有1项即得1分,共7分 (2) 公交便利(如多趟线路、时间间隔适中)。此项自酌给分,最高分为3分	
	视频监控 系统和 防盗系统 (5分)	公共场所和聚集场所的重要部位视频监控全覆盖(3分)	未实现全覆盖的扣1分	
		新建住宅有楼宇对讲电控防盗装置和视频监控系统,老式住宅有简易防盗装置(1分)	(1) 新建住宅有楼宇对讲电控防盗装置,1分 (2) 老式住宅有简易防盗装置(如防盗门、窗),100%有防盗装置的为1分,其他情况酌情自评	
		监控系统和防盗系统运行、维护、保养正常(1分)	无法正常运行的扣1分	

续表

测评项目	指标名称	测评内容及标准	评分标准	得分
I 社区 公共 设施 配套 （100分）	消防设施 （10分）	设有符合标准的消防设施，疏散通道和安全出口畅通，无阻挡、堵塞、占用（3分）	（1）设有符合标准的消防设施，1分 （2）疏散通道和安全出口畅通，无阻挡、堵塞、占用，2分	
		各种消防设施定期检测维护，完整好用（2分）	（1）各种消防设施定期检测维护，1分 （2）消防设备完整好用，1分	
		按要求配备齐全消防器材（3分）	（1）消防器材按要求配备，2分 （2）消防器材在有效期内，1分	
		设置火灾防控宣传栏并定期更新（2分）	（1）设置有火灾防控宣传栏，1分 （2）有定期更新替换的痕迹，1分	
	防空防灾减灾设施 （5分）	被评为"综合减灾示范社区"，或有防空和防灾减灾应急避难场所，标识清晰（5分）	（1）避难场所不少于其中1项（防空地下室/人防工程、地下室、地下停车场、绿地、广场、球场），2分 （2）避难场所、社区居委会或社区公园宣传栏进行统一标识：避难位置、可安置人数、管理人员、人员疏散图、疏散通道和指引等信息，2分 （3）被评为"综合减灾示范社区"，1分	
	无障碍设施及安全 （5分）	主要道路、公厕、公共活动场所等设有无障碍通道及设施（2分）	未达到要求的，视情况扣1分	
		无障碍通道和无障碍设施维护良好、使用方便（2分）	未达到要求的，视情况扣1分。	
		社区内主干道保证消防车顺利通行（1分）	未达到要求的，视情况扣1分	

测评项目	指标名称	测评内容及标准	评分标准	得分
I 社区 公共 设施 配套 (100分)	公共设施 维护 (5分)	社区路面硬化，无明显坑洼积水；危险路段有警示标识（2分）	(1) 社区路面硬化，无明显坑洼积水，1分 (2) 危险路段有警示标识，1分	
		路灯、公用电话、邮箱、公共座椅、井盖等重要设施保养良好，无人为弄脏、损坏现象（2分）	(1) 路灯、井盖等重要设施保养良好，使用正常，1分 (2) 公共座椅、宣传栏、公用电话、邮箱等无人为弄脏、损坏现象，1分	
		有机动车、自行车集中统一停放的公共停车场或停车线，且设置合理、使用方便、无乱收费现象（1分）	(1) 社区内有机动车、自行车集中统一停放的公共停车场或停车线，1分 (2) 有停车乱收费现象，扣1分 (3) 有机动车、自行车乱停乱放现象，扣1分	
	特色项目 (20分)	根据社区人口特点及居民需求，建有星光老年之家、社区卫生服务中心、社区志愿服务站、社区少年宫等惠民服务设施（10分）	(1) 建有贴合社区人口情况与居民需要的惠民服务设施，7分。请按社区人口特点以及居民需求自酌 (2) 社区内惠民设施运作正常，3分	
		整合辖内机团单位设施及社会资源情况（10分）	(1) 能整合辖内单位设施及社会资源，7分 (2) 整合的设施、资源运行得当，3分	
II 社区 公共 管理 与服务 情况 (100分)	物业公司 服务 (5分)	物业公司运营和服务情况（5分）	(1) 有正规的物业公司，3分 (2) 物业管理费用合理，2分	
	垃圾分类 与收集 (5分)	可回收物、餐厨垃圾、有害垃圾和其他垃圾有分别收集的容器（5分）	(1) 不具备"可回收物""餐厨垃圾""有害垃圾"和"其他垃圾"的，每缺少一样扣1分，扣完即止 (2) 收集容器标识清晰，2分	

续表

测评项目	指标名称	测评内容及标准	评分标准	得分
Ⅱ 社区 公共 管理 与服务 情况 （100 分）	环境保护 与清洁 （15 分）	无废气扬尘、油烟污染，无噪声、水和光污染（4 分）	（1）无废气扬尘、油烟污染等，2 分 （2）无噪声、水和光污染（建筑物外墙达到环保规定），2 分	
		除"四害"指标全部达标，无"六乱"（乱搭建、乱堆放、乱设摊点、乱拉乱挂、乱贴乱写乱画、乱扔乱吐）现象（5 分）	（1）无"四害"（蚊子、苍蝇、老鼠、蟑螂）滋生地，2 分，有一项扣 0.5 分 （2）无"六乱"现象，3 分，有一项扣 0.5 分，扣完分数为止	
		无占道经营、乱搭建、乱堆放、乱设摊点现象（1 分）	未达要求的，每项视情况扣 0.5 分	
		无违章建筑投诉，无危房或破损建筑（2 分）	（1）无违章建筑投诉，1 分 （2）无危房或破损建筑，1 分	
		公共绿地绿化覆盖率达到 80% 以上（3 分）	（1）覆盖率达 80% 以上即"优秀"，3 分 （2）其他情况请按主观感受评为"中等"，2 分；"较差"，1 分	
	劳动就 业服务 （10 分）	为社区失业人员和异地务工人员（若有）提供职业介绍和就业指导服务，服务率100%（5 分）	（1）服务率为 100% 为 3 分，每下降 20% 少 1 分。扣完即止 （2）随机访谈居民，得到肯定性的回复，2 分	
		培育或动员社区资源开展就业服务（5 分）	未按要求开展的，视情况扣 1 ~ 5 分	
	警务服务 （10 分）	社会治安综合治理领导责任落实率、群防群治队伍落实率均为 100%（4 分）	未落实的，视情况扣 1 ~ 3 分	
		重特大治安案件发生率为零，无黄赌毒窝点和制假售假窝点（3 分）	有发生相关案件或窝点的，出现 1 件（个），扣 1 分	
		社区警务工作人员联系群众情况（3 分）	（1）每周接待居民时间不少于半天，1 分 （2）社区安全教育开展情况（如防盗等提示），2 分	

测评项目	指标名称	测评内容及标准	评分标准	得分
Ⅱ 社区 公共 管理 与服务 情况 （100分）	法律援助 与人民 调解服务 （5分）	有社区（人民）调解委员会，工作制度完善（2分）	（1）文件制度完整，1分 （2）居民对制度基本了解，1分	
		对符合法律援助条件的虐待、不赡养老人、家庭暴力、侵犯残疾人合法权益等家庭相关的案件及时给予法律援助（3分）	（1）虐待、不赡养老人案件关注、受理、处置及反馈机制，1分 （2）家庭暴力关注、受理、处置及反馈机制，1分 （3）侵犯残疾人合法权益事件（遗弃、虐待、侮辱等）关注、受理、处置及反馈机制，1分	
	社区 文化服务 （6分）	居民参与社区文化体育活动次数及社区文体活动团体的数量（2分）	社区举办大型社区文化体育活动次数（参与人数在100人以上，每个季度至少1次），为2分。根据活动次数、活动参加人数、活动效果等打分	
		社区传统、特色文化团体占社区文体活动团体总量不低于30%（2分）	社区文体活动团体的数量（在社区报备的社区文体团体），3支以上，其中社区传统、特色文化团体不少于1支，2分。其他情况请自酌	
		结合社区实际，打造社区特色文化品牌（2分）	符合条件即2分	
	体育服务 （4分）	有2支以上群众性体育组织，有体育志愿服务指导员（2分）	（1）有2支以上健身团队，1分 （2）有体育志愿服务活动（含有志愿者担任的社会体育指导员），1分	
		有体育宣传、培训等活动，传播体育健身知识和方法（2分）	符合条件即2分	
	特色项目 （20分）	在解决社区车辆乱停放、噪声扰民等社区管理方面有新做法（5分）	有制度，能落实，成效较好的给满分；有制度，成效一般的，给2～3分	
		推进社区网格化服务、智慧平台及平安社区建设情况（5分）	平台有效开展运作、成效显著的，给满分；其他情况，给2～8分；没有开展的，不给分	

续表

测评项目	指标名称	测评内容及标准	评分标准	得分
Ⅱ 社区 公共 管理 与服务 情况 （100分）	特色项目 （20分）	有街道政务服务中心、家庭综合服务中心、社区卫生服务中心等街道社区服务（8分）	有工作制度或工作机制，运作有效（提供案例）的，给8分；其他情况酌情给分	
		有计划开展公民道德建设，建立健全学校、家庭、社区"三结合"的未成年人思想道德建设工作网络（2分）	查看相关制度及有关材料，酌情给分	
Ⅲ 社区 专业 服务 与互助 服务 （70分）	服务需求 了解和 识别 （15分）	根据社区人口结构特点，建立评估和了解社区居民需求的机制，特别是社区老年人、青少年、残疾人等弱势群体需求（15分）	（1）根据社区人口结构特点，有了解社区居民需求的渠道，如通过社区调查、座谈会、社区活动、相关部门工作人员接待等形式了解居民需求，7分 （2）对社区弱势群体的需求有基本了解，如居委会有对辖区内孤寡老人、失业人员、低保家庭及其他有需要的居民名册或档案，记录表中有这些群体的基本情况记录及需求说明，8分 以上两项较为灵活，请自酌	
	服务计划 （15分）	针对居民需求，整合社区各种资源，制订社区整体服务计划或针对特定人群的服务计划（15分）	（1）基于社区居民需求，有创建期间的社区服务发展整体计划，包括社区服务目标、资源筹集方式及服务的具体输送方式等方面的计划，7分 （2）针对社区特定服务对象，有相应的服务计划，包括特定群体服务计划及特定个体的服务计划，即对社区有需要的群体，特别是针对孤寡、独居老人、低保家庭、失业人员等开展服务的计划，8分 以上两项较为灵活，请自酌	

测评项目	指标名称	测评内容及标准	评分标准	得分
Ⅲ 社区专业服务与互助服务（70分）	服务实施情况（25分）	能按照服务计划，为老人、青少年、单亲家庭、失业人员等特定人群提供专业服务（10分）	（1）根据服务计划，服务实施过程中相关社区资源的挖掘、培养及整合的情况（包括物质资源、人力资源、经济资源等），5分 （2）服务实施过程中的服务推进情况，特别是专业化服务推进情况，比如，有专门的服务主体开展相关服务，有专门的资金支持相关服务的开展，有明确的服务监督组织（正式、半正式或非正式的服务监督组织）关注服务开展的情况，5分	
		建立健全街道、街道服务中心、社区居委会相互转介工作机制（5分）	（1）社区居委会与街道办事处定期举行沟通会议或以工作简讯等各种形式交流，2分 （2）社区居委会与街道办事处经协商，双方建立有个案转介或资源共享的协议，2分 （3）社区居委会与其他社区社会团体、企业等社区组织协商，不同方达成共建活动的意愿或居民公共活动设施的共建协议，1分	
		组织开展各类志愿（义工）服务和邻里互助活动（10分）	（1）邻里互助活动开展数量及参与人次达到社区人数的10%左右，5分 （2）社区孤寡老人结对帮扶率达到100%，其中独居老人帮扶率达到60%，5分	
	特色项目（15分）	为社区异地务工人员及其子女、特困家庭、社区矫正人员、社区精神病康复者等特殊群体开展有特色、群众广泛认可和欢迎的服务（6分）	有特色项目，并有效运作、受到服务人群认可的，1个特色项目给2分	
		申报社区公益项目情况（5分）	有5个及以上为5分，每少一个减1分	
		总结提炼社区专业服务案例情况（4分）	以报送市、区级社区办的案例为准，报送一个给2分	

续表

测评项目	指标名称	测评内容及标准	评分标准	得分
IV 社区 自治 和机制 建设 情况 （100 分）	社区 党组织 建设 （15 分）	社区党组织建设与活动情况（10 分）	（1）有社区党组织（含党小组、党支部、党总支任一种），5 分 （2）有较为活跃的党组织活动，年均组织活动 4 次以上（包括 4 次），5 分	
		社区党员参与社区管理服务情况（5 分）	有参与具体工作或服务的，每一项给 1 分	
	居委会 建设 （30 分）	居委会监督指导社区社会组织、业主委员会、物业管理公司开展工作（10 分）	（1）居委会与社区社会组织、业主委员会及物业管理公司有定期沟通机制，5 分 （2）居委会与上述单位沟通效果良好，能解决居民反映的问题，100% 解决的为 5 分，每降 20% 扣 1 分	
		居委会工作制度、居民大会或居民代表大会制度等社区居民自治制度建设及执行情况（10 分）	（1）有社区党组织工作制度，1 分 （2）有居委会工作制度，1 分 （3）有居民大会，1 分 （4）有居民代表大会制度，1 分 （5）有居务公开制度，1 分 以上各项制度有的为 1 分，无为 0 分。以上各项执行程度良好各为 1 分，其他分值自酌	
		社区居委会专职人员队伍建设（10 分）	（1）居委会人员学习或参加培训的次数，平均每人每年 4 次，其中外出培训的次数不低于 2 次（外出培训指在本社区以外的地方举办的培训），5 分 （2）居委会专职人员对本职工作的评价，综合满意度在 80% 及以上的为 5 分，每降 20% 扣 1 分	
	社区组织 建设 （35 分）	有组织推选居民代表、居民小组长、小区楼（院）长，并定期召开会议商讨社区事务（8 分）	（1）每季度召开一次，2 分 （2）对具体社区事务会议讨论结果有跟进，3 分 （3）社区事务解决情况良好，3 分	

测评项目	指标名称	测评内容及标准	评分标准	得分
Ⅳ 社区 自治 和机制 建设 情况 （100分）	社区组织 建设 （35分）	培育社区内的各类社会组织情况（8分）	各类组织包括社区公益组织（如居民互助或自助组织）和商业组织（如合作社）、社区文件组织等组织形式，具体如下 （1）培育的各类社区社会组织在社区或街道备案的达到2个以上（可以包括社区原有的社会组织），4分 （2）在社区或街道备案的社区公益类组织（不包括社区文体组织和商业组织）不低于1个，2分 （3）培育的此公益类组织开展活动效果良好，2分	
		通过社区论坛、社区议事会议、社区微博、社区QQ群等载体发动社区居民参与社区事务（10分）	（1）社区有社区论坛或社区议事会议等公共议事形式的，每季度1次，为4分 （2）居民参与社区事务的总人次，2分 （3）参与效果或社区居民评价，4分	
		发展社区志愿者（义工），建立社区志愿者（义工）管理制度，每月面向本社区居民开展社区公益互助志愿活动不少于2次，并有完善服务记录（9分）	（1）志愿者注册率占社区居民人口10%以上，4分 （2）对注册的社区志愿者有系统化的培训，3分 （3）有开展志愿活动，2分 根据志愿者参与志愿活动的人数、次数、活动效果打分	
	特色项目 （20分）	社区居委会建立与驻区单位或社会组织沟通协调、项目对接等机制（10分）	有工作制度的，给4分；视工作成效给1~6分	
		驻区单位或社会组织支持、参与社区事务情况（10分）	有工作制度的，给4分；视工作成效给1~6分	

续表

测评项目	指标名称	测评内容及标准	评分标准	得分
V 社区 人力 资本 情况 （60分）	人口 基本 特征 （30分）	各个年龄段人口的分布情况（10分）	年龄结构合理，10分；老年人或儿童多，则酌情减分	
		性别分布情况（10分）	男女比例平衡，10分；男性或女性比例过高，则酌情减分	
		行业构成状况（10分）	待业或失业人口低于5%，10分，每增高2%，则减1分	
	重点人群 （30）	不同群体的状况（20分）	依据弱势群体人口占社区总人口比重给分，比重越高，分数越低，满分10分	
			依据低保家庭、单亲家庭、失独家庭占全社区家庭的比重给分，比重越高，得分越低，满分10分	
		单列职业的情况（10分）	依据各个职业群体的人数给分，各职业占社区人口比重越高，分数越高，满分10分	
VI 社区 财力 资源 状况 （70分）	公共财政 （21分）	办公经费（7分）	办公经费占公共财政的比重越高，分数越低，满分10分	
		活动经费（7分）	活动经费占公共财政的比重越高，分数越高，满分10分	
		人员经费（7分）	人员经费占公共财政的比重越高，分数越低，满分10分	
	社会捐赠 （21分）	个人捐赠（7分）	个人捐赠的额度越大，分数越高，满分10分	
		企业捐赠（7分）	企业捐赠的额度越大，分数越高，满分10分	
		慈善机构、基金会、红十字会等社会组织捐赠（7分）	社会组织捐赠的额度越大，分数越高，满分10分	
	社区服务 经费 （28分）	社区服务是否收过费（8分）	将社区服务收费与居民对服务的满意度进行对比衡量，酌情给分	
		上一年度社区活动经费来源比重（10分）	上级拨款占的比重越大，分数越低，满分10分。和其他社区对比之后给分	
		上一年度社区活动和服务的总支出（10分）	计算总支出和全部社区人口的比值，人均支出越高，分数越高，满分10分。和其他社区对比之后给分	

二 主观指标

测评项目	指标名称	测评内容及标准	评分标准	得分
I 社区 公共 设施 配套 满意度 （100分）	居民对 社区居委 会的评价 （16分）	（1）对居委会办公 地点便利程度的满 意度（8分）	通过访问居民给分	
		（2）对社区居委会 工作时间方便性的 满意度（8分）	通过访问居民给分	
	居民对 社区警务 室的评价 （10分）	（1）社区警务办公 场所知晓度（4分）	通过访问居民给分	
		（2）警务办公场所 便捷度（6分）	通过访问居民给分	
	居民对 社区生活 便利设施 的评价 （30分）	（1）小型便利店、 超市、肉菜市场的 方便程度及满意度 （8分）	（1）方便度，4分 （2）种类满意度，2分 （3）价格满意度，2分	
		（2）医疗机构、学 校、银行及满意度 （8分）	（1）方便度，4分 （2）种类满意度，2分 （3）价格满意度，2分	
		（3）公共交通便利 性和满意度（7分）	（1）居民对公共交通站点设置的评 价，4分 （2）居民对公共交通时间间隔的评 价，3分	
		（4）公共活动场所 便利性和满意度 （7分）	（1）居民对公共活动场所的距离的 评价，4分 （2）居民对公共活动场所设施完善 程度的评价，3分	
	居民对 文体设施 的评价 （14分）	（1）社区文化室的 设施、场地设计、 使用情况满意度 （6分）	（1）居民对社区文化室设施的满意 度，2分 （2）居民对场地设计的满意度，2分 （3）居民对使用情况的满意度，2分	
		（2）体育运动设施 及维护的满意度 （4分）	（1）居民对体育运动设施的满意 度，2分 （2）居民对体育运动设施维护的满 意度，2分	
		（3）小公园或广场 的满意度（4分）	通过访问居民给分	

续表

测评项目	指标名称	测评内容及标准	评分标准	得分
I 社区 公共 设施 配套 满意度 （100 分）	居民对 社区安全 感及生活 保障设施 的评价 （10 分）	（1）对视频监控系统、防空减灾避难场所设施、消防设施的满意度（6 分）	（1）对视频监控系统的满意度，2 分 （2）对防空减灾避难场所设施的满意度，2 分 （3）对消防设施的满意度，2 分	
		（2）对本社区节能环保情况、排水设施、周围"三废"及噪声控制的满意度（4 分）	（1）对本社区节能环保情况的满意度，1 分 （2）对本社区排水设施的满意度，1 分 （3）对临时停水提前通知或应急备案的满意度，1 分 （4）对本社区周围"三废"及噪声控制的满意度，1 分	
	居民对 社区环境 的满意度 及舒适感 的评价 （20 分）	（1）对垃圾分类处理的满意度（5 分）	通过访问居民给分	
		（2）对社区公共场所卫生保洁的满意度（5 分）	通过访问居民给分	
		（3）对无障碍通道的满意度（5 分）	通过访问居民给分	
		（4）对本社区车辆停放的满意度（5 分）	通过访问居民给分	
II 社区公共 管理与服 务满意度 （100 分）	居民对 社区居委 会服务的 评价 （20 分）	（1）对社区居委会工作人员服务态度满意度（10 分）	通过访问居民给分	
		（2）对社区居委会工作人员服务内容满意度（10 分）	通过访问居民给分	
	居民对 社区卫生 医疗服务 的评价 （20 分）	（1）居民对社区卫生服务中心服务方便性的满意度（10 分）	通过访问居民给分	
		（2）居民对社区卫生服务中心提供的服务质量的满意度（10 分）	通过访问居民给分	

测评项目	指标名称	测评内容及标准	评分标准	得分
Ⅱ 社区公共管理与服务满意度（100分）	居民对劳动就业和社会保障服务的评价（15分）	（1）有需要的服务对象对参与职业介绍或职业指导等相关信息的了解程度（8分）	（1）失业对象覆盖率，共4分，100%覆盖率为4分，每降30%扣1分 （2）居民对劳动就业服务项目所开展的服务满意度，共4分，80%及其以上为3分，每降20%扣1分，扣完为止	
		（2）有需要的服务对象对劳动就业和社会保险服务项目质量的评价（7分）	满意度为80%及以上为满分，其余分值，由居委自酌	
	居民对社区警务、调解等服务的评价（15分）	（1）处置警情的满意度（5分）	通过访问居民给分	
		（2）法律援助的满意度（5分）	通过访问居民给分	
		（3）社区调解满意度（5分）	通过访问居民给分	
	居民对社区文体活动情况的评价（30分）	（1）居民对社区文化活动的知晓度、满意度（10分）	通过访问居民给分	
		（2）社区文化特色突出，群众参与度高，影响面广（10分）	通过访问居民给分	
		（3）居民参加社区文体组织的意愿（10分）	通过访问居民给分	
Ⅲ 社区专业服务与互助服务满意度（100分）	老年人服务评价（20分）	（1）老年人对服务计划或项目满足自身需求情况的满意度（10分）	根据居民需求制订服务计划，执行到位的，给满分；未按居民需求制订服务计划的，给1分；其余视情况给分	
		（2）老年人服务成效的满意度（10分）	视情况给分	
	妇女儿童服务评价（20分）	（1）妇女儿童对服务计划或项目满足自身需求情况的满意度（10分）	根据居民需求制订服务计划，执行到位的，满分；未按居民需求制订服务计划的，1分；其余视情况给分	
		（2）妇女儿童服务成效的满意度（10分）	通过访问居民给分	

续表

测评项目	指标名称	测评内容及标准	评分标准	得分
III 社区专业 服务与 互助服务 满意度 （100分）	青少年 服务评价 （15分）	（1）青少年对服务计划或项目满足自身需求情况的满意度（7分）	根据居民需求制订服务计划，执行到位的，给满分；未按居民需求制订服务计划的，给1分；其余视情况给分	
		（2）青少年服务成效的满意度（8分）	通过访问居民给分	
	社区公益 互助志愿 服务评价 （10分）	（1）居民对开展社区公益互助志愿服务的知晓情况（5分）	通过访问居民给分	
		（2）居民对开展社区公益互助志愿服务的满意度（5分）	通过访问居民给分	
	社区人际 交往情况 评价 （10分）	（1）社区居民同邻居的熟悉程度（5分）	通过访问居民给分	
		（2）社区居民对本社区人际关系的满意度评价（5分）	通过访问居民给分	
	社区支持 情况评价 （25分）	（1）遇紧急情况，在社区里可以找到紧急联络或帮助的人（10分）	通过访问居民给分	
		（2）对各类型组织（政府、商业机构或公益机构）提供支持的评价（15分）	（1）对本社区政府组织提供的支持的满意度，5分 （2）对本社区互助或自助或其他类型的公益组织提供的支持的满意度，5分 （3）其他社区支持组织或团体提供的支持的满意度，5分	
IV 社区自治 和机制 建设情况 满意度 （100分）	居民对 社区党组 织建设情 况的评价 （20分）	（1）社区党员对社区党组织选举情况的满意度（5分）	通过访问居民给分	
		（2）居民对社区党组织参与社区公共事务的评价（5分）	通过访问居民给分	

测评项目	指标名称	测评内容及标准	评分标准	得分
Ⅳ **社区** **自治** **和机制** **建设** **情况** **满意度** **（100分）**	居民对社区党组织建设情况的评价（20分）	（3）居民对社区党员联系居民的评价（5分）	通过访问居民给分	
		（4）社区党员对社区党支部议事制度的知晓率及评价（5分）	通过访问居民给分	
	居民、社区社会组织对居委会建设情况的评价（10分）	（1）居民对社区居民自治章程等制度执行情况的满意度（5分）	通过访问居民和社会组织的代表给分	
		（2）社区居委会指导社区社会组织、业主委员会及物业管理公司（若有）开展工作满意度（5分）	通过访问居民和社会组织的代表给分	
	居民对社区民主选举情况的评价（15分）	（1）居民对社区居委会成员依法选举情况的满意度（5分）	通过访问居民给分	
		（2）居民对住所推选楼长情况的知晓度和满意度（5分）	通过访问居民给分	
		（3）居民对社区推选居民代表情况知晓度和满意度（5分）	通过访问居民给分	
	居民对社区居委会联系居民情况的评价（15分）	（1）居民对社区居委会联系居民情况的满意度（5分）	通过访问居民给分	
		（2）居民对居民代表联系居民的评价（5分）	通过访问居民给分	
		（3）居民对楼组长联系居民的评价（5分）	通过访问居民给分	

续表

测评项目	指标名称	测评内容及标准	评分标准	得分
IV 社区 自治 和机制 建设 情况 满意度 （100 分）	居民对 社区居民 服务制度 的评价 （10 分）	（1）居民对社区居务公开宣传的知晓度（3 分）	通过访问居民给分	
		（2）居民对"居民公约"执行情况的满意度（3 分）	通过访问居民给分	
		（3）居民对社区利用来自政府、捐助或向居民收费的资金进行社区内公共设施、专项或综合服务项目相关财务公开程度的满意度（4 分）	（1）社区对筹集的用于社区公共事务的资金财务公开程度的知晓度（预算、结算等），1 分 （2）居民对公共资金使用方式的知晓度，1 分 （3）居民对公共资金使用效果的满意度，1 分 知晓度 100% 为满分，每降 30% 扣 1 分	
	居民参与 社区事务 情况 （20 分）	（1）居委会、业委会选举中居民的参与度（10 分）	通过访问居民给分	
		（2）居民对社区公共事务的知晓度（5 分）	通过访问居民给分	
		（3）居民对社区公共事务的满意度（5 分）	通过访问居民给分	
	社区机团 单位参与 社区事务 情况 （10 分）	（1）驻区单位对社区公共事务的参与度（5 分）	通过访问居民给分	
		（2）驻区单位对参与社区公共事务的满意度（5 分）	通过访问居民给分	
V 特色项目 满意度 （100 分）	居民对 社区特色 设施的 评价 （20 分）	（1）居民认为社区特色设施符合社区人口特征和需要，使用率高（10 分）	通过访问居民给分	
		（2）居民对驻区单位开放设施情况的满意度（10 分）	通过访问居民给分	

续表

测评项目	指标名称	测评内容及标准	评分标准	得分
V 特色项目 满意度 （100分）	居民对社区网格化和智慧平台及平安社区建设的评价（20分）	（1）居民对推行社区网格化服务管理模式后的社区服务管理成效的满意度（10分）	通过访问居民给分	
		（2）居民对智慧平台建设成效的满意度（5分）	通过访问居民给分	
		（3）居民对平安社区建设成效的满意度（5分）	通过访问居民给分	
	居民对社区公益项目实施情况的评价（20分）	（1）居民对社区公益项目设计符合社区居民需求情况的满意度（10分）	通过访问居民给分	
		（2）居民对社区公益项目实施情况的满意度（10分）	通过访问居民给分	
	居民对政府职能部门回应居民意见的评价（20分）	（1）居民对政府职能部门主动听取居民意见、建议情况的满意度（10分）	通过访问居民给分	
		（2）居民对政府职能部门处理居民意见、建议，并进行反馈的满意度（10分）	通过访问居民给分	
	社区归属感和认同感（20分）	（1）居民对自己是本社区人的认同度（10分）	通过访问居民给分	
		（2）若无外在原因（如升学、异地工作等），居民在本社区内的搬迁意愿（10分）	通过访问居民给分	

附录 2

————————◆◆◆————————

社区居民服务需求调查问卷

尊敬的居民朋友：

为了更好地推进您所在社区的服务工作，为您提供方便、快捷、高效的社区服务，请您根据自己的服务需求填写此表，它将成为加强与改进社区服务工作的重要依据和参考。

谢谢您的支持和合作！

呼和浩特市睿联凯舟社会工作发展中心

填表说明

①请在每一个问题后适合情况的答案号码下打"√"，或者在_____处填上适当的内容。

②若无特殊说明，每一个问题只能选择一个答案。

访问地点：_____社区

访问日期：2016 年____月____日

一　社区居民意愿情况

1. 您支持本社区建立社区综合服务中心吗？

A. 非常支持　　　　B. 比较支持　　　　C. 一般

D. 比较不支持　　　E. 完全不支持

不支持，请注明原因＿＿＿＿＿＿＿＿＿＿＿＿＿＿＿＿＿＿

＿＿＿＿＿＿＿＿＿＿＿＿＿＿＿＿＿＿＿＿＿＿＿＿＿＿＿＿

2. 您愿意参加社区综合服务中心提供的服务活动吗？

A. 非常愿意　　　　B. 比较愿意　　　　C. 一般

D. 比较不愿意　　　E. 完全不愿意

不愿意，请注明原因＿＿＿＿＿＿＿＿＿＿＿＿＿＿＿＿＿＿

＿＿＿＿＿＿＿＿＿＿＿＿＿＿＿＿＿＿＿＿＿＿＿＿＿＿＿＿

3. 您参与社区服务的态度有哪些？

A. 发挥一技之长为居民服务提供

B. 参加社区组织的公益活动

C. 不愿意做

D. 其他

4. 您是否愿意通过网络信息服务平台与社区沟通联系？

A. 愿意　　　　　　B. 不愿意

C. 条件具备可尝试

5. 目前和您生活在一起的人？（多选题）

A. 配偶　　　　　　B. 子女＿＿＿人

C. 父母＿＿＿人　　D. 其他

二　社区服务设施需求（家庭）

服务设施	需求程度				
	非常需要	比较需要	一般	不太需要	完全不需要
"一站式"服务窗口					
社区学校					
心理辅导室					

续表

服务设施	需求程度				
	非常需要	比较需要	一般	不太需要	完全不需要
社区志愿者活动室					
棋牌室					
爱心超市					
家政服务室					
健身室（体育活动室）					
社区图书室					
绿色网吧					
计生服务					
青少年活动中心					
居民议事室					
其他（请说明）					

三　社区服务项目需求（家庭）

服务人群 / 服务内容	需求程度				
	完全不需要	非常需要	比较需要	一般	不太需要
老年人 居家养老服务					
文娱康乐活动					
紧急援助服务					
老年学堂					
老年义工服务					
社区互助支援服务					
其他（请说明）					

服务人群 ＼ 服务内容	需求程度				
	完全不需要	非常需要	比较需要	一般	不太需要
女性 就业帮扶服务					
婚姻与家庭咨询服务					
妇女权益保障服务					
兴趣工作坊					
女性成长服务					
子女教育					
其他（请说明）					
儿童和青少年 学业辅导服务					
日间托管服务					
权益保障服务					
心理辅导服务					
兴趣特长班					
素质拓展					
青少年帮教服务					
其他（请说明）					
贫困家庭 就业帮扶服务					
社会政策咨询服务					
心理辅导服务					
家庭支持服务					
社会互助网络					
医疗援助					
法律援助服务					
困难救助					
其他（请说明）					
残疾人 康复服务					
就业帮扶服务					
家庭支持与咨询服务					
社会互助支持网络					
家居及生活技能训练					
其他（请说明）					

四　基本情况

1. 您的年龄是？_____岁

性别（调查员自行观察并填写）

A. 男　　　　　　　　　　　B. 女

2. 您的文化程度？

A. 初中及以下　　　　　　　B. 高中/中专/技校

C. 大专　　　　　　　　　　D. 本科

E. 研究生及以上

3. 您的婚姻状况？

A. 未婚　　　B. 已婚　　　C. 离婚

D. 丧偶　　　E. 其他

4. 您的户籍？

A. 本地　　　　　　　　　　B. 外地

5. 您的月收入？

A. 1000 元以下　　　　　　　B. 1000 ~ 1500 元

C. 1501 ~ 2000 元　　　　　　D. 2001 ~ 3000 元

E. 3001 ~ 4000 元　　　　　　F. 4001 ~ 5000 元

G. 5000 元以上

6. 您现在的职业？

A. 政府机关、事业单位工作人员

B. 专业技术人员　　　　　　C. 私营企业主

D. 企业管理人员　　　　　　E. 一般企业雇员

F. 个体工商户　　　　　　　G. 商业服务人员

H. 工人　　　　　　　　　　I. 无业/失业/下岗人员

J. 离退休人员　　　　　　　K. 农民

L. 其他

后　记

　　本丛书是呼和浩特市民政局"三社联动"小组与呼和浩特市睿联凯舟社会工作发展中心联合课题组的合作研究成果，同时本丛书也是 2018 年第八批"草原英才"工程"'三社联动'下社区社会工作创新研究人才团队"的研究成果。我们的精诚合作塑造了一支重实务、重行动研究的团队。参加本丛书撰写的团队成员有：吕霄红、杨志民、齐全平、郜秉英、刘强、余炘伦等，因为他们辛勤的投入，丛书才得以顺利完成，在此对编写者们严谨踏实的治学态度表示感谢。

　　自从进入呼和浩特市基层社区治理这一富有生命力的研究领域之后，我们的研究灵感都来自在这块有着浓厚多元文化内涵和治理智慧的田野中的实践。多年来，我们坚持深入社区，进行资源需求评估，形成项目清单，推动了"三社联动"核心团队的建立；以需求为导向，培育和发展社会组织，推动地方的政府部门有效开展公益创投，形成"政社、校社、企社、社社"的多方合作平台，带动社会各界力量参与内蒙古自治区社会治理创新，同时也推出了"知行合一"的系列行动研究成果。

　　今年恰逢中华人民共和国成立 70 周年，我们团队愿把这套丛书献给这个伟大的历史时刻。读社会，读人心，比读文字更复杂。因此，我们聚焦在呼和浩特这座富有活力的城市，走出象牙塔，走进社区，打通服务居民的"最后一公里"。呼和浩特市睿联凯舟社会工作发展中心的专家团队承担了该丛书的全部组织工作，中心专家刘强、余炘伦老师，在各主编的丛书中，发挥了各自的专业优势，在写作思路和框架上，多次开会讨论最终成稿；中心主任吕霄燕、副总干事王孟然与作者、出版社等相关方，进行了多方、高效的沟通；要特别提出的是，参与本丛书编纂的内蒙古大学民族学与社会学学院的研究生和本科生团队，他们不仅出色地完成了项目的督导工作，还承担了不少资料收集整理及辅助性的研究工作，为研究和报告的撰写提供了巨大的便利。研究生团队有：内蒙古大学的傅剑超、黄惠泽、武雪芳、刘竟、孟占连、张彪、王雅倩、贺蕾、孙婉莹、朱丽娟，内蒙古工业大学人文学院的武文慧、甄艳青等。本科生团队有：杨雪慧、纪阿茹罕、乌日那、艳丽、王梦泽、武彩庆、李宁、聂星宇、毕楚楠、张天阳、阿润等。

　　本书的出版首先感谢呼和浩特市民政局的各级领导和社区管理者的大力支持和积极配合。史柏年教授为本丛书欣然作序，作为首任中国社会工作教育协会副会长、秘书长，最早从事社会工作教学和研究的学者，他在社区治理创新发展领域成果卓越，他的指导与帮助，这是本丛书得以面世的关键。内蒙古发展研究中心原党委书记蔡常青，在"基层治理"理论和实践领域沉浸多年，并在自治区多次获奖，是一个科研严谨与人文情怀兼备的学者，他的推荐为本丛书加上了浓墨重彩的一笔。当然，我们还应该感谢社会科学文献出版社的鼎力相助，本书责任编辑胡亮、隋嘉滨付出了大量的心血，我们对他们的感谢是难以言表的。特别感谢封面设计素材的创作者常永刚先生，他为我们丛书奉献了自己的三幅作品，作品都是取自呼和浩特市的素材，以他独特的画风展现了"塞外青城"的大美风情。

　　本丛书是我们对内蒙古的一座城市的基层治理的实践探索，

也是第一次尝试对所进行的本土社区治理实务的系统研究，诚挚地希望大家提出中肯的批评与建议！

呼和浩特市睿联凯舟社会工作发展中心

吕霄红

2019 年 1 月 16 日

图书在版编目（CIP）数据

社区评估实务模式：资源与需求评估 / 刘强主编
. -- 北京：社会科学文献出版社，2019.6（2025.2 重印）
ISBN 978 - 7 - 5201 - 3817 - 8

Ⅰ.①社…　Ⅱ.①刘…　Ⅲ.①社区服务 - 资源 - 需求
- 评估 - 中国　Ⅳ.①D669.3

中国版本图书馆 CIP 数据核字（2018）第 257266 号

社区评估实务模式
—— 资 源 与 需 求 评 估

主　　编 / 刘　强
副 主 编 / 吕霄红

出 版 人 / 冀祥德
责任编辑 / 胡　亮
文稿编辑 / 朱子晔
责任印制 / 王京美

出　　版 / 社会科学文献出版社·群学分社（010）59367002
　　　　　　地址：北京市北三环中路甲 29 号院华龙大厦　邮编：100029
　　　　　　网址：www.ssap.com.cn
发　　行 / 社会科学文献出版社（010）59367028
印　　装 / 唐山玺诚印务有限公司

规　　格 / 开本：787mm × 1092mm　1/16
　　　　　　印张：13.5　字数：174 千字
版　　次 / 2019 年 6 月第 1 版　2025 年 2 月第 3 次印刷
书　　号 / ISBN 978 - 7 - 5201 - 3817 - 8
定　　价 / 89.00 元

读者服务电话：4008918866